AF206897

Runen

Ein Weg nach Innen

Easy is right.
Chuang Tsu

Prem Arpana

Runen

Ein Weg nach Innen

Bibliografische Information der Deutschen Nationalbibliothek:
Die Deutsche Nationalbibliothek verzeichnet diese Publikation in
der Deutschen Nationalbibliografie; detaillierte bibliografische
Daten sind im Internet über http://dnb.dnb.de abrufbar.

© 2018 Prem Arpana
Illustration: Prem Arpana
Cover Design: Bodhi Satyam

Herstellung und Verlag:
BoD – Books on Demand, Norderstedt

ISBN: 978-3-7460-3483-6

Vorwort

Mit den Runen habe ich mich im Jahr 1999 angefreundet. Ich war gerade in einer schwierigen persönlichen Situation. Eine Freundin muss mir das angesehen haben. Sie lud mich ein, eine Rune zu ziehen. Ich zog die Rune „Hagalaz", das Symbol dafür, dass die sicher geglaubte Ernte einem Hagelschlag zu Opfer gefallen war. Das passte sehr gut für mich und was mir diese Freundin zu dieser Rune aus einem Buch vorlas, hat mich sehr berührt. Das Buch, aus dem mein erster Runen-Rat kam, stammte von Ralph Blum. Ich habe es mir bald besorgt und es hat mich in der ersten Phase meiner Beschäftigung mit den Runen begleitet. Mir gefielen seine eher psychologischen Runen-Interpretationen, die auf allzu viele esoterische und mythologische Bezüge verzichteten. Im Laufe der Zeit kamen weitere Bücher hinzu. Besonders wichtig war ein Runen-Büchlein mit dem Titel „Zen Runes". Ich fand die Idee der Autorin wunderbar, die alten nordischen Runen mit den Einsichten der fernöstlichen Zen-Tradition zu verbinden. Die in diesem Buch angebotenen Deutungen haben mich sehr angesprochen und mich angeregt, den Runenenergien selbstständig nachzuspüren. Dabei entstand der Wunsch, eigene Beschreibungen zu finden und einen zusammenhängenden Text für alle Runen zu verfassen. Bis das soweit war, oder besser, bis ich soweit war, vergingen aber noch viele Jahre. Nach mehreren fehlgeschlagenen Versuchen fand ich erst 2015 einen Weg, die Runen in einer für mich stimmigen Form zu interpretieren.

Die Texte, die ich hier anbiete, reflektieren meine Ansichten, Einsichten und Erfahrungen. Sie sind beeinflusst von meinem langen Weg durch alle Höhen und Tiefen von Selbsterfahrungsgruppen, Therapieausbildungen und Meditations-Retreats, vor allem aber durch die tausenden von Stunden, in denen ich den Vorträgen von Osho gelauscht habe. Später kamen andere spirituelle Lehrer hinzu, die auch ihre Spuren in meiner Seele hinterlassen und meine Sicht mitgeprägt haben. Für all diese vielfältigen Inspirationen bin ich über alle Maßen dankbar.

Eine kleine Anmerkung will ich noch anschließen. Während ich das Buch über Runen geschrieben habe, habe ich mich zuweilen daran erinnert, dass die Runen in ihrer langen Geschichte auch eine Zeit des Missbrauchs durchgemacht haben. Die Nationalsozialisten haben sie vielfach als Symbole für ihre Organisationen verwendet. Ich kann verstehen, wenn man wegen dieser Vergangenheit zu dem Schluss kommt, dass es besser ist, die Finger ganz von den Runen zu lassen. Ich habe einen anderen Weg gewählt. Ich wollte die Runen vielmehr aus ihrem germanisch-mythologischen und politischen Zusammenhängen herausrücken und ihnen eine zeitgemäße, der Psychologie und Spiritualität der Gegenwart entsprechende Deutung geben. Ich vertraue darauf, dass es Leser gibt, denen sich durch diese neue Sinngebung die zeitlose Schönheit der Runen erschließt. Für sie schicke ich das Büchlein auf seinen Weg.

Einleitung

Runen, was ist das?

Unter dem Begriff *Runen* versteht man allgemein das Alphabet der Germanen. Die ersten Belege für Runen finden sich etwa ab 150 n. Chr.; manche sagen, die Wikinger hätten sie schon lange davor benutzt. In einigen Teilen Skandinaviens wurden die Runen noch bis ins 13. Jahrhundert verwendet. Die Runen sind jedoch kein Schriftsystem, mit dem im Alltag z.B. Urkunden oder längere Texte geschrieben wurden. Meist findet man sie als Inschriften auf Gedenksteinen oder sie wurden in Gegenstände eingeritzt. Vielfach hat man sie als magische Zeichen verwendet und zum Orakelwerfen gebraucht. An diese Tradition schließen wir uns hier an.

Das vorliegende Büchlein will dich nicht über die Geschichte der verschiedenen Formen der Runen-Alphabete und deren Verbreitung informieren. Das überlasse ich gerne den gelehrten Germanisten, die diese Sachen gründlich erforscht haben. Ich will auch nicht die Bezüge der Runen zur Germanischen Mythologie aufzeigen oder die Geschichte der Runen in der Esoterik behandeln. Mit diesem Buch möchte ich dem Leser die transformierende Kraft der Runen direkt erlebbar machen.

Von den verschiedenen Runenalphabeten habe ich das bekannteste ausgewählt. Es besteht aus 24 Zeichen und wird als das „ältere Futhark" bezeichnet. Futhark heißt es deshalb, weil der Lautwert der ersten sechs Zeichen in dieser Runen-Reihe F, U, Th, A, R und K ist. Jedem dieser Zeichen ist, wie in jeder Alphabet-Schrift, ein Laut zugeordnet. Man kann damit also die

Lautgestalt von Wörtern abbilden. Daneben haben die einzelnen Runen aber auch eine eigene symbolische Bedeutung, d.h. jedes Zeichen steht nicht nur für einen Laut, sondern auch für einen Begriff; z.B. bedeutet die Rune ᚠ, die als [f] ausgesprochen wird, *Vieh*; die Rune ᚷ, die dem Laut [g] entspricht, steht für *Gabe* usw.

Runenziehen, wie geht das?

Zunächst brauchst du natürlich ein Runen-Set; das sind 24 Steinchen oder Holzstücke, auf die die Runen eingeritzt oder aufgemalt sind. Wenn du dich etwas länger mit den Runen beschäftigen willst, macht es Spaß, selbst ein solches Set herzustellen. Du kannst z.B. 24 gleichgroße flache Kieselsteine sammeln und darauf die Runen-Zeichen einritzen oder dir entsprechende Runenstücke aus Holz basteln. Wichtig ist nur, dass alle 24 die gleiche Form haben und sich auch gleich anfühlen. Du kannst natürlich auch ein fertiges Runen-Set kaufen. Da gibt es eine große Auswahl.

Bevor du nun eine Rune ziehst, ist es notwendig, dass du die Frage, die du an die Runen stellen willst, für dich klar formulierst. Was genau ist das Thema oder das Problem, das du im Licht der Runen-Antwort anschauen willst? Dabei ist es gut, dir genug Zeit zu lassen. Manchmal steht hinter der ersten Frage, die man im Kopf hat, noch ein weiteres, grundlegenderes Thema.

Die Befragung der Runen selbst ist einfach. Du tust alle Runen in ein Säckchen, schüttelst es, greifst hinein und nimmst eine davon heraus. Dabei ist es wichtig darauf zu achten, in welcher Ausrichtung die Rune zu dir kommt, d.h. ob sie aufrecht steht oder umgedreht ist. Der Rat, den die Rune dir gibt, hängt auch von dieser Stellung ab. Im Text gibt es deshalb für jede Rune zwei unterschiedliche Abschnitte, einen für die „Aufrechte Position" und einen für die „Umgekehrte Position".

Wenn du die Rune gezogen hast, kannst du sie vor dich hinlegen und im Buch das entsprechende Kapitel lesen. Dabei solltest du nachspüren, wie sich die Runen-Energie in deinem Leben momentan zeigt. Was hat sie mit der Frage zu tun, die du an die Runen gestellt hast? Kann der Runen-Rat dir vielleicht eine neue Perspektive auf deine Situation eröffnen?

Die Art, mit den Runen umzugehen, ist so vielfältig wie die Menschen, die sich darauf einlassen. Es gibt keine richtige oder falsche Art. Wenn ich z.B. eine Rune ziehe, dann möchte ich einen kleinen Impuls von außen bekommen. Das heißt, ich greife zu den Runen, wenn ich irgendwo festsitze und das Gefühl habe, ich brauche einen Anstoß, einen Hinweis auf etwas, das ich im Moment selbst nicht sehen kann oder eine Erinnerung an etwas, das ich eigentlich weiß, das ich aber aus dem Blick verloren habe. Ich ziehe also nicht täglich eine Rune, sondern nur dann, wenn ich glaube, dass ich eine Unterstützung von außen brauche. Ich nehme auch immer nur eine Rune. Manchmal sind wir mit der Runenbotschaft nicht zufrieden und wollen etwas anderes hören. Ich selbst begnüge mich aber immer mit einer Frage und einer Rune und versuche lieber, mit der Antwort tiefer zu gehen, als nochmals eine zweite Rune zu ziehen.

„Aufrechte" und „umgekehrte" Position, was bedeutet das?

Wie ich oben schon gesagt habe, ist es wichtig darauf zu achten, ob du die Rune in der aufrechten Position gezogen hast oder ob sie auf dem Kopf steht, d.h. sich in der „umgekehrten Position" befindet.

Die „aufrechte Position" einer Rune repräsentiert die Runenenergie, wie sie konkret anwesend und fassbar ist und in der Welt vielfältig wirkt. Ihre unterschiedlichen Qualitäten und Aspekte können meiner Meinung nach als positiv und förderlich, aber auch als negativ und unerwünscht erlebt werden. Normalerweise könnte man denken, dass die Rune in ihrer umgekehrten Position auf eine ungünstige Energie hinweist. Das ist aber nicht der Fall. Sie repräsentiert vielmehr die Abwesenheit der entsprechenden Energie. Jede Energie kann durch ihre Abwesenheit auffallen und sich so bemerkbar machen.

Nehmen wir die Rune *Wunjo* als Beispiel. In der aufrechten Position steht sie für lebendige Gefühle wie Freude und Glück, aber auch – als Kehrseite der Medaille – für Leid und Kummer. Wunjo in ihrer umgekehrten Position symbolisiert also nicht Kummer und Traurigkeit, sondern die Abwesenheit von jeder Empfindung, d.h. die völlige Gefühllosigkeit. Als ein weiteres Beispiel können wir die Rune *Gebo* nehmen. In der aufrechten Position bedeutet sie nicht nur Geben, sondern auch Nehmen. In ihrer umgekehrten Position beschreibt sie eine Haltung, die sich jedem Austausch verweigert.

Zum Verständnis der Situation, für die du die Rune gezogen hast, sind sowohl die aufrechte als auch die umgekehrte Position wichtig. Wenn du die Runen um Rat fragst, ist es deshalb empfehlenswert, immer das ganze Kapitel zu lesen. Es kann aber sein, dass du manchmal mit dem Inhalt des Abschnitts über die umgekehrte Position nicht viel anfangen kannst. In diesem Fall genügt es, die Beschreibung der aufrechten Stellung zu Rate zu ziehen.

Eine Rune – vier Abschnitte

Jede Rune wird in einem eigenen Kapitel dargestellt; jedes Kapitel ist in vier Abschnitte gegliedert. Der erste Abschnitt erklärt die traditionelle Bedeutung der Rune. Die Runen haben, wie gesagt, eine lange Geschichte und viele Leute haben sich schon dazu geäußert. Häufig können sich fast alle Runenkundige auf eine Grundbedeutung einigen. In anderen Fällen laufen die Auslegungen jedoch auseinander. Bei solchen Runen wurde hier eine Deutung ausgewählt, die für den vorliegenden Zusammenhang passend ist. Manchmal wird im ersten Abschnitt der Name der Rune erklärt; in Einzelfällen werden auch Bezüge zur germanischen Mythologie hergestellt.

Die eigentliche Darstellung der Runenenergie folgt in den nächsten beiden Unterpunkten. Im zweiten Abschnitt wird die „Aufrechte Position" dargestellt, also die fassbare Erscheinungsform der Energie der Rune.

Der dritte Abschnitt widmet sich der „Umgekehrten Position". In der Tradition wurde die Umkehrung einer Rune nur dann behandelt, wenn das Runenzeichen auf dem Kopf anders aussieht als in der aufrechten Position. Nehmen wir als Beispiel das Zeichen der Rune Taiwaz ↑. Ihre Umkehrung sieht wie folgt aus: ↓ und lässt sich von der aufrechten Position leicht unterscheiden. Bei manchen Runen wie z.B. Gebo X oder Dagaz ᛝ kann man aber bei einer Umkehrung keinen Unterschied erkennen. Deshalb hat man es traditionell unterlassen, für solche Runen eine Umkehrbedeutung anzugeben. Im vorliegenden Buch wird aber für alle Runen ihre Umkehrung vorgestellt. Bei Runenzeichen, die auf dem Kopf gleich aussehen wie in der aufrechten Position, wird durch einen Punkt kenntlich gemacht, was oben und unten ist. Bei Gebo ist die aufrechte Stellung also rechts von X durch einen Punkt wie folgt X. markiert. Für die Umkehrung ergibt sich dann folgendes Bild: ˙X.

Im vierten Abschnitt wird auf eine Sphäre hingewiesen, die jenseits der Polarität der aufrechten und umgekehrten Position einer Rune liegt. Es ist die Dimension des durch nichts qualifizierbaren Absoluten, das keine Dualität kennt.

Das ältere Runenalphabet (Futhark)

Die folgende Tabelle gibt eine Vororientierung über die Runen und ihre gängigen Namen. In unterschiedlichen Quellen findet man manchmal verschiedene Schreibweisen eines Runennamens. Auch die Formen der Runenzeichen können abweichen. Diese Unterschiede sind für unsere Betrachtungsweise aber nicht erheblich und werden hier deshalb nicht erwähnt.

1	Fehu	ᚹ	13	Eiwaz	ᛁ
2	Uruz	ᚢ	14	Perthro	ᚲ
3	Thurisaz	ᚦ	15	Elhaz	ᛉ
4	Ansuz	ᚠ	16	Sowilo	ᛋ
5	Raido	ᚱ	17	Taiwaz	↑
6	Kenaz	ᚲ	18	Berkana	ᛒ
7	Gebo	ᚷ	19	Ehwaz	ᛗ
8	Wunjo	ᚹ	20	Mannaz	ᛗ
9	Hagalaz	ᚻ	21	Laguz	ᚱ
10	Nautiz	ᛏ	22	Ingwaz	ᚷ
11	Isa	ᛁ	23	Dagaz	ᛗ
12	Jera	ᛃ	24	Othala	ᛟ

FEHU

Traditionelle Bedeutung:
Meine Viehherde

Die traditionelle Bedeutung der Fehu-Rune leitet sich von *Vieh* ab. In vielen archaischen Kulturen bestand der Reichtum einer Sippe in ihrer Viehherde. Deshalb steht die Rune Fehu für Besitz, Geld, Wohlstand und Vermögen und damit für die materiellen Grundlagen des Lebens.

Aufrechte Position:
Haben, haben wollen, Besitzer sein

Unser Leben ist auf Habenwollen ausge-
richtet. Wir wollen Dinge besitzen, die uns
Bequemlichkeit und Sicherheit geben. Und
wenn wir diese Dinge haben, wollen wir
immer mehr davon. Mehr Geld, mehr Ein-
fluss, mehr Lebensqualität, mehr Fitness,
noch bessere und gesündere Nahrungsmit-
tel, alles soll immer besser und mehr werden. Und wenn
die materiellen Besitztümer für dich nicht mehr so inter-
essant sind, willst du mehr Erkenntnis, tiefere Erfahrung, mehr Energie, mehr, mehr, mehr. Du willst um
dich herum möglichst viel Besitz von materiellen und
immateriellen Dingen anhäufen, damit deine Person
sich immer besser fühlen kann. Und selbst, wenn du als
Geschenk eine wunderbare Erfahrung von Einssein
gemacht hast, möchtest du sie gerne als deine persönli-
che Erfahrung festhalten, damit du anderen darüber
berichten kannst. Die Fehu-Rune weist auf unsere Tendenz hin, als Besitzer durch die Welt zu laufen und alles
in Besitz nehmen zu wollen. Das gilt insbesondere auch
für unsere Handlungen und deren Erfolge.

Wenn du die Fehu-Rune in der aufrechten Position
gezogen hast, ist das eine Einladung, dir dein Habenwollen und dein Besitzdenken anzuschauen. Wo tritt es
besonders klar zu Tage? Vielleicht sind es gar nicht mal
Dinge, an denen du hängst. Vielleicht ist es dein Wissen
oder es sind bestimmte Leistungen, die du wie einen
Schatz hütest. „Ja, das habe ich vollbracht, das kann mir
keiner mehr nehmen." Du musst nichts ändern, es genügt zu sehen, wo dein Besitzerstolz liegt.

Umgekehrte Position:
Entsagung, Verzicht

 Die andere Seite der Fehu-Rune ist die Entsagung. Diesen Weg haben die Mönche und Einsiedler seit Jahrtausenden gewählt. Sie ziehen sich in die Wälder oder in eine Höhle im Himalaya zurück und entsagen allem weltlichen Besitz. Und je mehr sie entsagt haben, desto stolzer sind sie auf ihre Entsagungsleistung. Sie besitzen jetzt ganz viel Nicht-Besitz und fühlen sich allen Besitzenden überlegen. Aber auch als Nicht-Besitzer bleiben sie auf den Besitz fixiert, den sie nicht haben. Sie definieren sich als Nicht-Besitzende. Auf diese Weise halten sie an demjenigen fest, der nicht besitzt. Letztlich stellen sie nur die andere Polarität zu denjenigen Leuten dar, die Reichtümer anhäufen.

In der umgekehrten Position verweist die Fehu-Rune dich auf deine Identifikation mit den Dingen und Handlungen, die du aufgegeben hast. Vielleicht hast du eine erfolgreiche Karriere abgebrochen oder dein Vermögen für einen guten Zweck gespendet. Vielleicht verzichtest du sogar auf ein Auto oder eine Spülmaschine. Die Fehu-Rune in der umgekehrten Ausrichtung schlägt dir vor, deine Entsagungsleistungen zu hinterfragen. Wie sehr brauchst du dieses Nicht-Haben, um der zu sein, der du sein willst? Gibt es da vielleicht sogar eine Verachtung für alle, die noch am Materiellen kleben? Du musst aber nichts ändern; es genügt zu sehen, wo dein Entsagungsstolz liegt.

Jenseits der Fehu-Polarität

Die spirituelle Botschaft der Rune Fehu liegt jenseits der Polarität von „haben" und „nicht haben". Wende dich dem in dir zu, das weder besitzt, noch Besitz loslässt, der absoluten Besitzlosigkeit, die niemand besitzen kann und sich deshalb voll und ganz hat – darüber aber gar nichts weiß, sondern einfach nur da ist.

URUZ

Traditionelle Bedeutung:
Der wilde Stier

Traditionell steht die Uruz-Rune für den Auerochsen (Ur), ein Wildrind, das im 17. Jahrhundert ausgerottet wurde. Während Fehu für das domestizierte Rind steht, ist Uruz das Symbol für die wilde Kraft der ungebändigten Kreatur. Für denjenigen, der diese Kraft unvorsichtig herausfordert, kann der wilde Stier höchst gefährlich werden.

Aufrechte Position:
Kraft, Durchsetzung

 Die positive Polarität der Uruz-Rune ist die Lebenskraft, die du in dir spürst. Mit ihr kannst du dich im Leben durchsetzen und dafür sorgen, dass es dir und deinem Körper gut geht. Du kannst dir ein Territorium schaffen und dich gegen andere behaupten.

Der mit dieser Rune verbundene Rat hängt davon ab, wie du mit deiner Uruz-Energie umgehst. Wenn du sie nur schüchtern einsetzt oder sie vielleicht noch gar nicht in dir spürst, so fordert dich die Rune auf, deine vitale Kraft und Lebendigkeit zu entwickeln und ihr zu vertrauen. Je häufiger du sie verwendest, desto mehr kannst du über sie verfügen. Je weniger du tust, um diese Kraft zu kontrollieren, desto freudiger kann sie dich durchs Leben tragen. Wenn du aber schon lange deine wilde Kraft ausgelebt hast, so fragt dich die Rune, wofür du diese Energie eingesetzt hast. Hat es sich gelohnt, wie ein wilder Stier für deine Ziele zu kämpfen? Hat dich die Erreichung deiner Ziele wirklich glücklich gemacht? Jetzt wird es Zeit, deine Kraft mit Bewusstheit zu verbinden. Entlasse deine Lebenskraft aus dem Joch deiner ehrgeizigen Projekte und verwandle sie in einen freudigen Lebenstanz, den du einfach um seiner selbst willen tanzt.

Umgekehrte Position:
Hilflosigkeit, Hingabe

 Die andere Seite der Uruz-Polarität ist die Hilflosigkeit. Je mehr du das Spiel des Lebens durchschaust, desto mehr siehst du, dass du letztlich nichts in der Hand hast. Früher oder später spürst du, dass du nicht gegen den Strom schwimmen kannst. Du erkennst deine tiefe Hilflosigkeit dem Leben gegenüber. Nichts ist in deiner Hand und alle Auswege, die du versucht hast, enden in der gleichen Sackgasse. Du spürst, dass dir nichts bleibt als aufzugeben.

Je nachdem wo du stehst, kann dir die umgekehrte Uruz-Rune unterschiedliche Impulse geben. Wenn du jemand bist, der bisher immer nur auf seine Kraft vertraut hat, kannst du diese Rune als einen Anstoß sehen, die Waffen zu strecken und dich einer größeren Kraft zu überlassen. Wenn du schon lange auf dem Pfad der Hingabe unterwegs bist, kannst du dich fragen, ob diese Haltung vielleicht nur eine neue Überlebensstrategie für dich geworden ist, mit der du dich leichter durchs Leben schlängeln kannst.

Jenseits der Uruz-Polarität

In dir ist eine Instanz, die sich weder durchsetzen muss, noch aufzugeben braucht. Deine eigene Existenz ist immer da. Du brauchst sie nicht verteidigen und kannst sie nicht aufgeben. Sei dieser Teil in dir, der kein Teil ist, sondern das Ganze, das du immer ist, ohne dass du dafür etwas tun musst und den du niemals verlassen oder veräußern kannst: Du selbst.

THURISAZ

þ

Traditionelle Bedeutung:
Die Dornenhecke

Traditionell wird Thurisaz den Riesen und dem Dorn, bzw. der Dornenhecke zugeordnet. Der Dorn (die Dornenhecke) trennt scharf zwischen Licht und Dunkel, Gut und Böse, Ich und Welt, Leben und Tod, männlich und weiblich. Mythologisch lässt sich Thurisaz auch dem Urzeitriesen Ymir zuordnen. In der nordischen Schöpfungsgeschichte ist Ymir das erste Lebewesen. Er ist sowohl weiblich als auch männlich und steht somit für einen Zustand vor allen Gegensätzen.

Aufrechte Position:
Die Welt der Gegensätze

Der Verstand ist so konstruiert, dass er alles nach Gegensätzen ordnet. Gut – böse, richtig – falsch, Leben – Tod, Licht – Dunkel. In der Welt der Gegensätze kann immer nur eine dieser beiden Oppositionen gelten; auch wenn man im Einzelfall vielleicht Schwierigkeiten hat zu entscheiden, auf welcher Seite der Dornenhecke ein Gegenstand denn nun liegt. Die Unterscheidung Ja/Nein durchzieht unser ganzes Denken und unsere Sprache. Alle Konflikte, alle Streitigkeiten folgen aus diesen Gegenüberstellungen. Da wir als Menschen entweder in einem männlichen oder einem weiblichen Körper geboren werden, steht Thurisaz auch insbesondere für die Geschlechterpolarität und damit auch für die gesamte Dynamik, die aus dieser Polarität folgt. Frauen sind so, Männer sind so. Beziehungen zwischen Mann und Frau sind im besten Fall ein Tanz der beiden polaren Energien, im schlimmsten Fall ein ständiger Kampf, der sich aus diesen Gegensätzen ergibt. Diese Rune ist ein Hinweis auf deine Identifikationen in diesem Geflecht der Oppositionen. Du identifizierst dich mit einem Teil der Polarität und schon hast du ein Gegenüber geschaffen, das dir als Feind dienen kann.

Die Bedeutung der Rune kann für dich verschieden sein, je nachdem, wo du mit diesem Thema stehst. Wenn du die Tendenz hast, auf allen Gebieten alles in einen Topf zu rühren, oder wenn du wenig geübt bist, Unterscheidungen vorzunehmen, kann dich die Rune einladen, bei manchen Themen doch genauer hinzusehen und klare Grenzen zu erkennen, z.B. zwischen den

Bereichen der Logik und der Mystik oder der Welt der Wissenschaft und der Sphäre der Religion. Wenn du aber ein großer Analytiker bist, der mit dem scharfen Instrument seines Verstandes ständig alles auseinander nehmen will, dann lautet die Runenbotschaft: „Dein Analysieren bringt dich nicht weiter, denn alle Gegensätze sind nur sich ergänzende Aspekte von etwas Größerem".

Umgekehrte Position:
Die Welt der Einheit

 Viele Menschen versuchen, der Welt der Gegensätze zu entkommen, indem sie das Eins-Sein mit anderen oder gar dem Kosmos anstreben. Und nicht selten können solche Erfahrungen auch gemacht werden. Das spirituelle Herz des Menschen ist der Ort, an dem keine Gegensätze bestehen. Auf dem Weg des Herzens kannst du dich als mit anderen vereint und sogar eins mit dem Kosmos erleben. Du bist in Liebe mit allen und allem verbunden. Aber du bist immer noch der, der die Einheit fühlt. In der Welt des Einen sagt man: „Ich bin eins mit allem." Aber das Ich, das diese Einheit fühlt, muss bestehen bleiben, damit es die Einheit fühlen kann. Wenn du die Thurisaz-Rune in dieser umgekehrten Position gezogen hast, kannst du dich fragen: „Welche Rolle spielt der Wunsch nach Einheit und Eins-Sein in meinem Leben und warum möchte ich so gerne mit allem eins sein?"

Jenseits der Thurisaz-Polarität

Die eigentliche Botschaft von Thurisaz für den spirituell Suchenden ist, dass das Streben nach Einheit selbst zu einer Polarität gehört und nicht die Aufhebung der Polarität bedeutet. Der Bereich jenseits der Thurisaz-Polarität ist eine Dimension, die weder getrennt noch eins ist und die nicht einheitlich sein muss, um die Einheit zu sein. Erlebe dich in Gegensätzen und in deinem Einheitsstreben und sei das, was nichts braucht, um Eins zu sein.

ANSUZ

ᚨ

Traditionelle Bedeutung:
Die Antenne zu den Göttern

Traditionell steht Ansuz für die Kommunikation mit den Göttern, für die ekstatische Schau höherer Wahrheit, aber auch für die Weitergabe dieses Wissens durch die Sprache. Es geht ums Hören und Aussprechen höherer Erkenntnisse. Sprachlich leitet sich der Name der Rune Ansuz von dem germanischen Göttergeschlecht der Asen ab.

Aufrechte Position:
Höheres Wissen

 In der Rune Ansuz tritt dir die gesamte Bemühung der Menschheit um höhere Erkenntnis gegenüber. Das umfasst alles vom einfachen magischen Orakel-Ritual über die großen mythologischen Erzählungen bis hin zu den komplexen Systemen der Theologien in den Religionen. Das Grundprinzip besteht darin, dass ein besonders begabter Seher, Heiliger oder Avatar seine Antennen zum Göttlichen ausfährt und dann aus seinen Visionen oder Inspirationen eine bestimmte Lehre entwickelt. Seine Anhänger machen daraus dann später ein Gebäude aus Dogmen und Praktiken, die dem Sucher auf diese Weise Zugang zur Sphäre des Göttlichen und Transzendenten verschaffen sollen.

Diese Systeme haben eine große Anziehungskraft für jeden Sucher. Endlich hat er in der Lehre von XYZ eine überzeugende Deutung der Welt gefunden und verfügt jetzt über die Möglichkeit, auf viele Fragen eine passende Antwort zu geben. Er kennt die wichtigsten Sätze, in denen diese Wahrheit formuliert ist, und kann sie gegen Angriffe von anderer Seite verteidigen. Alle Religionen, aber auch viele psychotherapeutische Schulen und philosophische Lehren funktionieren so. Ansuz weist auch auf die in der indischen Tradition als *Sadhana* bezeichnete systematische spirituelle Praxis hin. Du lässt dich auf die Sadhana ein, damit du höheres Wissen erfahren kannst.

Wenn du diese Rune ziehst, fordert sie dein gegenwärtiges Überzeugungssystem heraus. Die Botschaft der Rune ist: „Lerne jede deiner gegenwärtigen Einsichten und Erkenntnisse schon jetzt als eine deiner ehemaligen

Überzeugungen zu sehen." Wenn du schon eine Weile auf dem Weg bist, wirst du dich an Zeiten erinnern, wo du fest von etwas überzeugt warst, das du heute aber nicht mehr für richtig hältst. Es gibt keinen endgültigen Ruhepunkt, auf dem du dich ausruhen kannst und von dem aus du dogmatisch in die Welt gucken kannst. Die Rune Ansuz erinnert dich daran.

Umgekehrte Position:
Nicht-Wissen

 Der Gegenpol zu der aufrechten Ansuz-Rune, die für alle Formen von Wissen und Einsicht steht, ist das Negieren des Wissens. Die bekannteste Formulierung dieser Einstellung ist der Satz des Sokrates „Ich weiß, dass ich nichts weiß." Auch viele andere Lehrer haben die Gefahr des Wissens gesehen und einen Weg des Nicht-Wissens propagiert. Sie sagen, dass der spirituelle Weg nur aus einer Haltung des Nicht-Wissens gegangen werden kann. Alle angelernten Wissensbestände sind nur ein Hindernis auf dem Weg. Aber auch die einmal gemachte Erfahrung, das Gipfelerlebnis eines mystischen Moments, alles kann zu einer Geschichte gerinnen, die dir im Wege steht. Nur wenn du von Moment zu Moment wie ein unbeschriebenes Blatt in der Welt bist, wenn du immer Anfänger bleibst, bist du dem Leben wirklich nahe. Nur so kannst du ihm immer neu, unvoreingenommen und mit Staunen begegnen.

Der Ausspruch des Sokrates „Ich weiß, dass ich nichts weiß." zeigt aber auch die Grenzen dieser Orientierung auf. Er weiß, dass er nichts weiß. Das ist selbst wieder ein Wissen. Darüber hinaus ist es ein definiertes Ich, das an seinem Nicht-Wissen festhält. Je nachdem, wo du stehst, kannst du die Rune als Einladung ansehen, den Weg des Nicht-Wissens zu wagen, oder, wenn du bereits auf diesem Nicht-Weg bist, kann dir die Rune einen Impuls geben, jenseits von Wissen und Nichtwissen zu gehen.

Jenseits der Ansuz-Polarität

Jenseits der Ansuz-Polarität liegt der Bereich, in dem es weder Wissen noch Nicht-Wissen gibt. Weder mit Wissen noch mit Nicht-Wissen kannst du diesen Bereich betreten. Nur wenn du zu diesem nichtwissenden Wissen wirst, das nicht einmal um sich selbst weiß, nur wenn du dich darin auflöst, bist du, was du immer schon vor allem Wissen warst und was du immer sein wirst.

RAIDO

Traditionelle Bedeutung:
Der Ritt

Die traditionelle Bedeutung der Raido-Rune leitet sich von *Ritt* ab. Ihr Bereich sind alle geordneten Bewegungen, angefangen von den Kreisläufen der Jahreszeiten bis hin zu den Bewegungen in Tanz-Ritualen. Weiterhin symbolisiert Raido auch das Reisen und alle zielgerichteten Bewegungen. Raido steht traditionell auch für den Weg durchs Leben.

Aufrechte Position:
Bewegung auf ein Ziel hin

In der aufrechten Position bringt dich die Raido-Rune mit all deinen zielgerichteten Anstrengungen in Kontakt. Ganz gleich, ob du dich darauf ausrichtest, an einer Karriere zu arbeiten, oder ob du deinen Traum verwirklichen willst, immer wirst du dich konzentriert auf den Weg machen und deinen Fokus auf das richten, was du dir vorgenommen hast. Was links und rechts von diesem deinem Weg liegt, musst du dann ausblenden. Es kann dich nur von der Verwirklichung deines Traums ablenken. Und dabei kommt es nicht darauf an, ob du ein materielles oder spirituelles Ziel vor Augen hast. Vielleicht willst du unbedingt ein erfolgreiches Unternehmen aufbauen oder ein anerkannter Heiler werden. Vielleicht möchtest du auf einem bestimmten Erleuchtungsweg voranschreiten, oder du willst deine Chakren in der optimalen Reihenfolge öffnen. Manchmal wirst du irgendetwas erreichen und denken, dass du es richtig gemacht hast, aber immer mal wieder wirst du ein Ziel verfehlen und denken, dass du einen Fehler gemacht oder dich nicht genug angestrengt hast. Wenn die Energie dieser Polarität der Raido-Rune dein Leben bestimmt, dann glaubst du, dass es darauf ankommt, immer in Bewegung zu bleiben, nie aufzugeben und in deinem Streben nie nachzulassen. Irgendwo muss das ersehnte Ziel sein, und erst, wenn du es endlich erreicht hast, kannst du dich ausruhen.

Die Botschaft, die diese Rune für dich hat, hängt davon ab, wo du mit dieser Energieform gerade stehst. Wenn du noch nie irgendwelche Projekte erfolgreich abgeschlossen hast, dann schickt dich die Rune auf den

Weg, das eine oder andere der Ziele, die du dir ausgedacht hast, auch zu realisieren. Das wird dich stärken. Das ist vor allem notwendig, damit dir deine eigene Erfahrung zeigen kann, dass keiner der so hart erarbeiteten Erfolge dir tatsächlich die Befriedigung und Befriedung gebracht hat, die du dir davon erhofft hast. Viele ziehen aus der Erfahrung der Erfolglosigkeit des Erfolgs die Konsequenz, dass ein weiteres, noch höheres Ziel die ersehnte Erfüllung bringen wird. Wenn du auf dieser Reise bist, will dich die Raido-Rune auf deinem Weg von einem Ziel zum nächsten sanft stoppen und dir zurufen: „Halt ein! Du musst nirgendwo hinkommen, um bei dir anzukommen. Wo immer du bist, bist du schon am richtigen Ort."

Umgekehrte Position:
Das Unbewegliche

 Der negative Pol der Raido-Rune ist das Unbewegliche, das Unbewegte, der Stillstand, die Stille. Hinter aller Bewegung und dem Zirkulieren der Phänomene der Welt ist eine große Stille, die von all den Bewegungen unberührt bleibt. Statt auf die Objekte zu schauen, die in einer ständigen Bewegung sind, kannst du auf den Raum sehen, in dem sie auftauchen und in dem sie sich bewegen. Dieser Bewusstseinsraum bleibt immer gleich. Er ruht still in sich, gleichgültig welche Bewegungen sich in ihm vollziehen.

Viele spirituelle Lehrer empfehlen den Aufenthalt in dieser Polarität. Um den ständigen Gedankenbewegungen des Verstandes (Mind) zu entgehen, wird der No-Mind als Ruhepunkt angestrebt. Diese Stille, die immer wieder als Ziel des spirituellen Weges genannt wird, ist nicht die Abwesenheit von Lärm, sondern die Identifizierung mit dem Unbewegten hinter aller Bewegung. Der negative Pol der Raido-Rune ist sicher ein angenehmerer Ort, als die ehrgeizige, zielorientierte Bewegung. Aber auch in dieser Haltung bleibt die Spannung der Dualität erhalten: „Ich bin jetzt im No-Mind, ich sehe den Raum und nicht die Bewegung in der Zeit, ich bin in der Stille." Das Ich bleibt dabei immer erhalten. Und jederzeit kann dieses Ich auch wieder die Polarität der Unbewegtheit verlassen und zum andern Pol streben. Dieser Wechsel von einem Pol zum anderen ist geradezu unvermeidlich. Deshalb ist es schwierig, dauerhaft in diesem Zustand zu verweilen. Früher oder später meldet sich der Verstand mit seinen Turbulenzen zurück und die Identifizierung mit den Gedanken und Empfindungen beginnt erneut.

Wenn du die Raido-Rune in der umgekehrten Position gezogen hast, lädt sie dich ein, mehr und mehr in der Stille, im Unbewegten zu verweilen und dort deine Wurzeln zu schlagen. Sie erinnert dich aber auch daran, dass selbst das nur eine Zwischenstation ist und es keinen letztendlichen Ruheplatz für dich gibt, solange du noch als Ruhender bestehen bleibst.

Jenseits der Raido-Polarität

Jenseits der Raido-Polarität ist der Zustand, der völlig in Bewegung und gleichzeitig in absoluter Ruhe sein kann. Du bist das, was nicht unbeweglich sein muss, um still zu sein. Deine wahre Natur ist Stille in Bewegung und dabei bist du weder Stille noch Bewegung. Du gehörst weder dem Raum an, noch bewegst du dich in ihm. Dieses paradoxe Absolute ist deine innere Natur. Du kannst dich nicht auf sie hinbewegen und du kannst sie nicht verfehlen. Du kannst ihr auch nicht entkommen. Also sei einfach, was du bist.

KENAZ

Traditionelle Bedeutung:
Der Kienspan

Die traditionelle Bedeutung der Rune steht in Zusammenhang mit *Kien* (Fackel aus Kiefernholz). Der Kienspan, d.h. ein dünner Scheit aus harzreichem Nadelholz war jahrtausendelang der Feuerträger schlechthin. Er steht für Feuer, Licht, Flamme, Wärme, Energie und alles andere, was brennt und wärmt. Im menschlichen Leben steht Kenaz für Sexualität, Leidenschaft, intensive Emotionen und deren Ausdruck.

Aufrechte Position:
Das Feuer des Lebens

Mit Kenaz ist die ganze Vielfalt der Bezüge und Assoziationen angesprochen, die die Feuermetaphorik in sich trägt. Kenaz steht für leidenschaftliche Intensität, für das Lodern der Lebensenergie in all ihren Formen. Sie kann sich zeigen in sexueller Erregung, im ungestümen Wutausbruch, aber auch in der Begeisterung der Kreativität, im Furor der Revolution ebenso wie in der brennenden Sehnsucht nach Erlösung. Das Feuer ist weiterhin ein Symbol für Prüfung und Reinigung. Man muss den Feuertest bestehen und kann daraus in einer erhöhten, gesteigerten Form hervorgehen. Das alte Bild vom Phönix, der sich ins Feuer stürzt und daraus wiedergeboren wird, gehört auch zu diesem Vorstellungsbereich.

Wenn du dich voll ins Leben stürzt und deine Kerze vielleicht sogar an beiden Enden anzündest, dann bist du im Bereich der positiven Seite der Kenaz-Rune. Je totaler du lebst, je mehr du alle Energien, die durch dich fließen, bejahst und auslebst, desto mehr hast du Anteil am Kenaz-Feuer. In der Sexualität spürst du das Feuer der Lebenskraft besonders klar in dir und kannst diese Kraft annehmen und leben, ohne sie unterdrücken oder manipulieren zu müssen. Wenn du erkennst, dass Sex nicht nur ein biologischer Trieb, sondern Ausdruck einer kosmischen Kraft ist, kannst du das Eintauchen in diesen Bereich zu deiner Meditation machen und die Leidenschaftlichkeit des Feuers so in stilles, leuchtendes Gewahrsein transformieren.

Die Kenaz-Rune hält verschieden Botschaften bereit, je nachdem, wie viel Lebensfeuer du in dir brennen lässt. Wenn du sparsam und vorsichtig damit umgehst, schickt dich die Rune direkt ins Feuer und fordert dich auf, deine Energie voll zu leben. Wenn du schon seit Jahren ein *High-Energy*-Typ bist, verlangt sie etwas anderes von dir. Sie lenkt dann deinen Blick darauf, einen Schritt weiter zu gehen und deine Energien in ein kühles Feuer zu verwandeln, indem du sie mit Bewusstheit verbindest.

Umgekehrte Position:
Die Kälte der Weltverneinung

 Die umgekehrte Position der Kenaz-Rune ist Dunkelheit, Kälte, Abwesenheit von Leben, Lebensverneinung. Auf der positiven Seite steht die Sonne, auf der negativen das schwarze Loch, in dem alles Licht verschwindet. Auf der negativen Seite der Kenaz-Polarität sagst du NEIN zum Leben. Dass du auf der Welt bist, ist eine Last, ein ständiges Ärgernis. Du fühlst dich, als seist du in die Falle des Lebens geraten. Tief drinnen denkst du, dass es besser gewesen wäre, nie geboren zu sein. Und jetzt suchst du nach Wegen, dieser Inkarnation zu entkommen. Vielleicht versuchst du dich mit passenden Mediationstechniken einfach weg zu meditieren. Dein Ziel ist das Nirvana. Nirvana bedeutet ja wörtlich *Verlöschen der Flamme*. Du willst dich von der Welt ablösen und einfach im Nichtsein aufgehen. Aber alle Versuche scheitern und du bist nicht mal sicher, ob der Tod dir die gewünschte Auflösung bringt.

Je nachdem, wo du stehst, kann diese Rune ein Hinweis darauf sein, dass du die Dimension des Nicht-Seins in deinen Blick aufnimmst. Wenn du schon auf diesem Weg bist, kannst du die Rune als einen Anstoß sehen, denjenigen aufzulösen, der den weglosen Weg geht.

Jenseits der Kenaz-Polarität

Wenn du die Weltverneinung wählst, bist du noch immer in der Kenaz-Polarität gefangen. Du bist aber weder das Leben noch die Abwesenheit des Lebens. Du bist das, was nicht lebendig sein muss, um die höchste Fülle des Lebens zu sein. Das Absolute ist absolute Fülle und absolute Leere. Du bist das Brennen der erloschenen Kerze und das schwarze Licht im Zentrum jeder Flamme.

GEBO

X

Traditionelle Bedeutung:
Die Gabe

Die traditionelle Bedeutung der Rune Gebo leitet sich von *geben* ab. Damit ist aber nicht die wohltätige Gabe an den Bedürftigen gemeint, sondern ein Geben und Nehmen, das zu sozialen Bindungen führt. Gebo steht auch für das traditionelle Opferritual: Ich gebe dem Gott meine Opfergabe, auf dass er mir etwas gibt. Zur Sphäre von Gebo gehört aber auch die Vergeltung. Gleiches wird mit Gleichem vergolten. Die Maxime „Auge um Auge, Zahn um Zahn" repräsentiert die Logik der Gebo-Rune.

Aufrechte Position:
Geben und Nehmen

 Mit der Gebo-Rune ist der gesamte Bereich des Austauschs und der Kommunikation zwischen Organismen, sozialen Gruppen, insbesondere aber zwischen Menschen angesprochen. Jede Art des Gebens und Nehmens fällt in diesen Bereich. Das beginnt mit dem Güteraustausch, also der Welt des Handels, und geht hin bis zu den subtilsten Formen des Dialogs, des Tanzes oder des Liebesspiels. Immer werden materielle Dinge, Gedanken oder Energien ausgetauscht. Im besten Falle ist es ein wunderbares Strömen, das beide bereichert, wenn es jedoch weniger gut läuft, wird es ein ‚Kuhhandel‘, der beide Seiten an faule Kompromisse bindet. Der Tanz der Gebo-Rune zeigt sich deutlich in der Beziehung zwischen allen Menschen, insbesondere zwischen Mann und Frau. Es muss ein spontanes Geben und Nehmen sein, das die Lebensfreude von beiden steigert. Wenn das nicht der Fall ist, ist die lebendige Beziehung schon vorbei. Die Geben-Nehmen-Beziehung durchzieht alle gesellschaftlichen Bindungen und ist ihre eigentliche Basis. Auch im religiösen Bereich wirkt das Gebo-Prinzip. In vielen Religionen verlangt Gott Opfer, Befolgung von Gesetzen, gute Taten, absoluten Glauben usw. und schenkt dafür Schutz, Hilfe, Heilung und Erlösung. Und weil wir widersprüchliche Persönlichkeitsanteile in uns haben, treten wir auch mit uns selbst zuweilen in ein Gebo-Verhältnis. Wir schenken zum Beispiel unserem inneren Kind ein paar Stunden Verspieltheit und hoffen, dass es dann die ganze Woche wieder bei unserem Arbeitsprogramm tapfer mitmacht und nicht nörgelt.

Wenn du die Gebo-Rune in der aufrechten Position gezogen hast, ist das eine Einladung, dir deine Beziehungen anzuschauen und zu erkennen, wo der Austausch freudig und flüssig ist und wo er ins Stocken gerät. Häufig ist es leichter zu geben als zu empfangen, weil du glaubst, dass du als Gebender stärker und unabhängiger bist. Die aufrechte Gebo-Rune unterstützt dich dabei, dich voll auf das Spiel des Gebens und Nehmens einzulassen. Sei großzügig im Geben und frei im Annehmen!

Umgekehrte Position:
Der Eremit: All-Ein sein

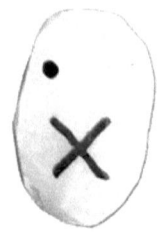

Der Eremit ist das Symbol der negativen Polarität der Gebo-Rune. Er hat sich aus allen sozialen Bindungen gelöst und lebt für sich zurückgezogen außerhalb der Gesellschaft. Er verlässt seine Familie und die menschliche Gemeinschaft in der Hoffnung, aus dem Alleinsein das All-Einssein destillieren zu können. Ohne das Eingebundensein in den gesellschaftlichen Austausch mit all seinen Konflikten und Reibungen glaubt er, ungestört die Nähe Gottes fühlen zu können. Die Geschichte der Religionen ist voll von Eremiten, Einsiedlern, Anachoreten und Sannyasins, die sich aus der Welt zurückgezogen haben und in der Wüste, im Wald oder in einer Höhle im Himalaya leben. Es ist die große Negation des sozialen Lebens mit seinen Verpflichtungen und Abhängigkeiten. Aber gleichgültig, wie weit sich der Klausner von der menschlichen Gesellschaft entfernt hat, hat er sich selbst doch immer mitgenommen. Der Einsiedler nimmt das Ego, das den Entschluss gefasst hat, der Welt zu entsagen, mit in seine Höhle. Die negierte Welt, der negierte Andere, wird ihm dabei wie ein Schatten folgen – ein Schatten, den er nicht abschütteln kann. Denn all die Leidenschaften, denen er entkommen wollte, lassen sich vielleicht eine Weile verdrängen. Sie werden sich aber bei passender Gelegenheit in einer anderen Form wieder zeigen.

In einem weiteren Sinne steht der negative Pol der Gebo-Rune für das Streben nach Autonomie, nach Autarkie. Sie repräsentiert den Wunsch, sich von allen Abhängigkeiten zu lösen. In Beziehungen bedeutet die umgekehrte Gebo-Rune die Tendenz, den anderen in die abhängige Rolle zu drängen und sich selbst als unabhängig und nicht nähebedürftig zu inszenieren. Wenn du die Rune so gezogen hast, dann schau, ob das bei dir der Fall sein könnte oder ob du dich vielleicht umgekehrt am anderen Ende einer solchen Beziehung vorfindest, in der du den Abhängigen spielst, während dein Partner die Rolle des Freiheitssuchers übernimmt.

Jenseits der Gebo-Polarität

Dein wahres Wesen liegt weder im Austausch noch in der Isolation. Ihm kann nichts hinzugefügt und nichts genommen werden. Es kann nichts beziehen und von ihm kann nichts bezogen werden. Es bezieht sich auf nichts und ist deshalb beziehungslos unbestimmt. Indem es in sich ruht, weiß es nichts von einem Anderen, das Störung oder Ruhe bringen könnte. Es erlebt sich weder als alleine noch als verbunden, da keiner da ist, der etwas erleben könnte. Denn im Erleben gibt es immer zwei, den Erlebenden und das Erlebte. Was du wirklich bist, kannst du nur sein, nicht aber erleben. Sei, was du bist, ohne je zu werden, was du bist!

WUNJO

ᚹ

Traditionelle Bedeutung:
Wonne

Die traditionelle Bedeutung der Rune Wunjo leitet sich von *Wonne* ab, einem Zustand des Glücks und der ungetrübten Freude. In der ursprünglichen, archaischen Sichtweise ist es aber nicht das Glück des Einzelnen, sondern immer das Glück, das man in der Harmonie mit seiner Gruppe, seinem Clan, seinem Stamm findet. Deshalb erinnert die Form der Wunjo-Rune an eine Fahne. Alle freuen sich und feiern, dass sie zu dieser Gruppe gehören. Ihr Satz könnte sein: „Welche Freude, dass wir wir sind!"

Aufrechte Position:
Freude, Glück – Kummer, Leid

Alles, was wir tun, ist letztlich eine Suche nach dem Glück. Wir wollen unser Leben so einrichten, dass wir möglichst viel Glück erfahren und Kummer und Leid, soweit es geht, vermeiden. Das ist ganz natürlich; jeder sorgt für sich und sein Wohlbefinden so gut er kann. Jeder Handlung vom Öffnen eines Fensters, um frische Luft hereinzulassen, bis hin zum Eingehen einer Ehe oder dem Beitritt zu einer religiösen Gruppe ist von dem Wunsch motiviert, dass man es dadurch besser hat und so glücklicher wird. Gleichzeitig will man Unglück, Kummer und Schmerz aus dem Wege gehen. Freude und Kummer sind jedoch zwei Seiten einer Medaille. Wo Glück angestrebt wird, lauert Unglück gleich um die Ecke. In Zeiten besonderer emotionaler Dichte kann man die Achterbahn der Gefühle in kurzer Zeit durchlaufen: „Himmelhoch jauchzend – zu Tode betrübt"; damit ist der Bereich der Wunjo-Rune in der aufrechten Position abgesteckt. Im zwischenmenschlichen Umgang steht Wunjo für das Streben nach Harmonie. Die eigene Glückseligkeit gerät nicht in Konflikt mit dem Glücksstreben der anderen, vielmehr steigert sich das Glücksgefühl dadurch, dass man es gemeinsam mit anderen erlebt. („Geteilte Freude ist doppelte Freude.") Die ersehnte Harmonie soll erreicht werden, indem man sich einer Gruppe Gleichgesinnter anschließt. Durch die gemeinsame Orientierung werden – so hofft man – grundsätzliche Konflikte schon von vornherein ausgeschlossen und man kann gemeinsam den Weg zum Glück gehen und dabei auf die Unterstützung und Solidarität der Clan-Genossen rechnen. Auf allen Ebenen

gibt es solche Gruppierungen der Glückssucher, angefangen von Gesangs- und Schützenvereinen, über öko-
logische Genossenschaften bis hin zu spirituellen
Kommunen, Ashrams und klösterlichen Lebensgemein-
schaften. Immer soll die gemeinsame Vorstellung von
Glück zusammen mit anderen harmonisch verwirklicht
und umgesetzt werden. Doch gerade auch hier lauern
Enttäuschung, Frustration und der Schmerz der Desillu-
sionierung.

Kummer und Leid, die andere Seite des Glücks, entstehen, wenn man seine eigenen Vorstellungen davon,
wie die Welt sein soll, nicht loslassen kann. Es gibt immer wieder Fakten im Leben, die man sich anders ge-
wünscht hätte. Schmerz und Leid auf der psychologischen Ebene entstehen dadurch, dass man gegen diese
Fakten ankämpft, die man nicht kontrollieren kann. Das
Leiden kommt also aus dem Versuch, die Tatsachen zu
kontrollieren, und nicht so sehr aus den Tatsachen
selbst, die einfach so sind, wie sie sind.

Wenn du die Wunjo-Rune in der aufrechten Position gezogen hast, kannst du dir deinen täglichen Kampf
ums Glück anschauen oder deine Strategien betrachten,
wie du dich durch Klagen und Beschwerden gegen das
auflehnst, was dir die Welt im Moment anbietet.

Umgekehrte Position:
Gleichmut, Empfindungslosigkeit

Der Gegenpol zur Wonne, der harmonischen Existenz in der Gemeinschaft, ist nicht Kummer und Leid, sondern der Weg, der sowohl Freude als auch Leid verneint. Wenn man diesen Weg einschlägt, steht man allen Ereignissen neutral und ohne gefühlsmäßige Verwicklung gegenüber. Manche Schulen in der abendländischen Philosophie sahen in dieser unerschütterlichen Seelenruhe die einzige Möglichkeit für eine glückliche Existenz. Nur durch die Negation der Glückssuche meinte man, das gute Leben finden zu können.

Ein neutraler, nicht wertender Beobachter zu sein ist der eigentliche Gegensatz zu dem Versuch, so viel Glück wie möglich zu erleben. Was immer kommt, wird einfach wahrgenommen, ohne es zu begrüßen oder abzulehnen. So ist man der Beobachter, der aus der Distanz eines ungetrübten Bewusstseins die Ereignisse seines Lebens an sich vorbeiziehen lässt.

Wenn du die Wunjo-Rune in der umgekehrten Position gezogen hast, bist du eingeladen nachzuspüren, ob dich diese Haltung der Negation von Freude und Leid anzieht. Wenn das so ist, solltest du dich fragen, ob das vielleicht auch wieder nur eine Strategie zum besseren Überleben ist. Solange der neutrale Beobachter existiert, wird er immer auch seine Position behaupten wollen.

Jenseits der Wunjo-Polarität

Du bist schon immer die Glückseligkeit, die du suchst. Dein inneres Wesen ist, wie die indischen Mystiker sagen, *Sat, Chit, Ananda*, die Wahrheit, das Bewusstsein, die Glückseligkeit. Dieses Glück kennt keine Bedingungen, es ist von nichts abhängig und durch nichts verursacht. Es braucht nicht mal dich, um zu existieren. Dein Verschwinden in der Glückseligkeit ist die einzige Möglichkeit, mit ihr zu sein. Und auch dieses Verschwinden ist letztlich eine Illusion, weil du nie davon getrennt warst und daher auch nicht darin verschwinden kannst. Also, verschwinde in ihr!

HAGALAZ

Traditionelle Bedeutung:
Der Hagelschlag

Die traditionelle Bedeutung der Rune Hagalaz ist *Hagelschlag*. Durch die plötzliche Einwirkung des Hagels wird die schon sicher geglaubte Ernte zerstört. Der Bauer steht mit nichts da; das Resultat seiner langen Arbeit ist innerhalb von Minuten vernichtet. In diesem Sinne steht die Rune für die unkontrollierbaren, destruktiven Kräfte in der Natur und im Leben. In dieser radikalen Auslöschung des bisher Erarbeiteten liegt aber immer auch die Chance für einen ganz neuen Anfang.

Aufrechte Position:
Die große Katastrophe

Die Hagalaz-Rune weist auf Veränderungen, Umbrüche und Schicksalsschläge hin, die plötzlich und mit unaufhaltsamer Kraft in das Leben eingreifen und sogar den gänzlichen Verlust von Zukunft mit sich bringen können. Das können Naturkatastrophen, Kriege oder politische Umstürze sein. Im Leben des Einzelnen sind es z.B. Krankheiten, Trennungen, Bankrott, der Tod eines geliebten Menschen oder einfach das endgültige Scheitern eines lange verfolgten Projektes. Angesichts der Macht des Hagelschlags, der durch nichts abzuwenden ist, kann man sich nur seine Hilflosigkeit eingestehen.

Durch die Vernichtung der als sicher angenommenen bisherigen Grundlagen musst du dein Leben neu ausrichten. Die Rune kann deshalb auch als Hinweis auf einen notwendigen Neuanfang verstanden werden. Altes muss zerstört werden, damit sich eine neue Dimension deines Lebens öffnen kann. Hagalaz zeigt dir, womit du identifiziert bist und woran du festhältst. Lass es zu, dass man dir eines deiner Lieblingsspielzeuge nimmt. Es wird Platz gebraucht für etwas Neues, das du ohne Einwirkung von außen nicht hättest beginnen können.

Wenn du die Hagalaz-Rune in der aufrechten Position gezogen hast, ist das eine Einladung zu schauen, wo du in deinem Leben an alten Strukturen und Werten festhältst. Wenn du diese selbst auflösen kannst, brauchst du keinen Hagelschlag, um das Alte zu beseitigen. Falls du die Rune in einer Situation ziehst, in der es dir bereits die Ernte verhagelt hat, halte dich nicht mit Anklagen auf. Niemand hat etwas falsch gemacht. Du hast einfach zusätzliche Energie von außen bekommen, damit alte Verstrickungen und Illusionen abfallen können. Oder mit den Worten von Hermann Hesse: „Nimm Abschied und gesunde!"

Umgekehrte Position:
Welche Katastrophe?

 Ein Hagelunwetter ist nur für den Bauern eine Katastrophe. Für einen Meteorologen ist es einfach eine bestimmte Wetterlage. Für ihn ist es im Prinzip nichts anderes als Nieselregen oder Schneefall. Vielleicht schaut er sogar mit Stolz auf die Hagelkörner, weil er so präzise voraussagen konnte, wo es hageln wird und wie groß die Körner sein werden. Wasser in einem bestimmten Aggregatzustand fällt zur Erde. Mehr ist ein Hagelschlag nicht. Die Deutung und Bewertung dieses Prozesses als Unglück geht nur auf die Interessenlage des Betroffenen zurück. Ein Beobachter, dessen Verstand leer ist, fügt seiner reinen Wahrnehmung nichts hinzu und blendet nichts aus. Er sieht die Dinge und Ereignisse ohne Wertung und ohne jede interessenbedingten Vorurteile.

Wenn du die Hagalaz-Rune in der umgekehrten Position gezogen hast, bist du eingeladen, deine Situation unvoreingenommen zu betrachten. Sieh dich selbst aus der Perspektive von jemandem, der von einem anderen Stern kommt und nichts weiß von deinen Vorlieben und Abneigungen, von deiner Geschichte und noch nicht einmal von dem, was Menschen für gut und schlecht halten. Ein solcher Beobachter wird bestimmte Fakten sehen, aber keine Probleme, keinen Schicksalsschlag, keine Herausforderung, keine Chancen zum Neuanfang. Er sieht nur das, was ist.

Jenseits der Hagalaz-Polarität

Das, was du wirklich bist, ist immer unberührt von allem, was passiert. Es ist unabhängig von allen Umständen und kann nicht zerstört oder gerettet werden. Ihm kann nichts zustoßen und es stößt nichts an. Es ist eine solide Basis, auf der du nicht stehen kannst, die du aber sein kannst, indem du ganz und gar in ihr aufgehst. Für deine Person ist das die ultimative Katastrophe; gleichzeitig bist du dann aber vor allen Katastrophen sicher.

NAUTIZ

Traditionelle Bedeutung:
Die Notlage

Die traditionelle Bedeutung der Rune Nautiz ist *Not* und *Notwendigkeit*. Sie weist auf eine Situation des Mangels, der Bedrückung und des Zwangs hin. Es gibt keinen Ausweg und alles scheint schicksalhaft und unausweichlich ins Verderben zu führen. In dieser höchst bedrückenden Situation entsteht der Wunsch nach Errettung und Erlösung.

Aufrechte Position:
Schicksal

 Mit dieser Rune ist die uralte Frage angesprochen, wie frei wir in unserem Leben überhaupt Entscheidungen treffen können. Haben wir einen freien Willen oder ist alles vom Schicksal vorbestimmt? Stehen wir im Bann der Prädestination, durch die alle persönlichen Entscheidungen schon vorweggenommen sind? Zwingen uns karmische Verstrickungen zu unseren Handlungen oder hat gar ein allmächtiger Gott schon von Anfang an festgelegt, wer welches Schicksal haben wird?

Die Nautiz-Rune weist auf eine Situation hin, in der wir uns in Bedrängnis befinden. In dieser Not können wir uns dem Schicksal ergeben oder unsere ganzen Kräfte mobilisieren und uns gegen das Verhängnis stemmen. Wir können versuchen, uns durch die entschlossene Tat zu befreien, oder uns ohne Widerstand ergeben. Die Nautiz-Rune umfasst in ihrer positiven Ausrichtung beide Möglichkeiten.

Wenn du Nautiz gezogen hast, kannst du dich fragen, wo du dich fatalistisch verhältst und Dinge einfach als unabänderlich hinnimmst; wo du im Guten wie im Schlechten höhere Mächte für deine Situation verantwortlich machst. „Gott, das Leben, die Existenz hat eben nicht gewollt, dass ...“ Genauso kannst du dir deinen Kampf anschauen, in dem du dem Unabänderlichen die Stirn bietest. Vielleicht siehst du aber auch Notlagen, wo keine sind. Oder treibt dich nur dein Wunsch an, dass alles perfekt nach deinen Vorstellungen laufen soll? Die Rune gibt keine Handlungsanweisung. Sie richtet dein Augenmerk nur auf deinen Umgang mit schwierigen Situationen und lädt dich ein, deinen Bewältigungsstrategien auf die Schliche zu kommen. Neigst du dazu zu klagen und in die Rolle des hilflosen Kindes zu schlüpfen? Leugnest du vielleicht die Probleme, indem du sagst „Ach, alles halb so schlimm". Oder bist du bereit, Verantwortung für dich zu übernehmen und dich aus den Schwierigkeiten herauszuarbeiten?

Umgekehrte Position:
Hier und Jetzt

Die Frage nach dem Schicksal und der Befreiung davon stellt sich nur solange, wie du an deiner persönlichen Geschichte interessiert bist. Du willst Zusammenhänge sowie Ursachen und Wirkungen in deinem Leben erkennen. Wenn dir daran liegt, wirst du vielleicht zur Theorie des Karmas greifen, die alles, was dir zustößt, aus deinem Verhalten in vergangenen Leben ableitet. Um deine gegenwärtige Situation erklären zu können, verlängerst du deine Vorgeschichte in eine ungewisse Vorvergangenheit. Wenn du jedoch aus all diesen Erzählungen aussteigst, entsteht plötzlich viel Raum. Du schaust nicht zurück in die Vergangenheit und fragst: „Wie konnte es nur kommen, dass ich jetzt so ein Problem habe?" Du plagst dich auch nicht mit Plänen, wie du zukünftig die Situation ändern könntest. In beiden Fällen bist du auf der horizontalen Zeitlinie gefangen. Wenn du jedoch in der Intensität des Hier und Jetzt verweilst, öffnet sich die vertikale Dimension und die ganze Wahrnehmung ändert sich. Dann bist du weder frei noch gebunden, weder gefangen noch erlöst. Du bist einfach nur da. Die Nautiz-Rune in umgekehrter Position ist eine Einladung zum Sprung ins Hier und Jetzt, der dich in den Bereich jenseits von deiner persönlichen Geschichte führt.

Jenseits der Nautiz-Polarität

Dein innerstes Wesen ist absolute Freiheit. Es braucht das Gefühl der Freiheit nicht, um frei zu sein. Es ist weder Freiheit noch Unfreiheit. Auch in der Unfreiheit bleibt es frei, denn keine Umstände können sie einschränken oder vergrößern. Ihr kann nichts hinzugefügt oder weggenommen werden. In dieser Freiheit kannst du aber nicht zusammen mit deiner Geschichte und deinen individuellen Dramen existieren. Lass dich verschmelzen mit dem, was keine Vorstellung von Freiheit braucht, um frei zu sein. Daneben gibt es kein Zweites.

ISA

Traditionelle Bedeutung:
Erstarrung

Die traditionelle Bedeutung von Isa ist *Eis*. Sie deutet auf Erstarrung, Festhalten, Sturheit, aber auch Konzentration hin. Vielfach wird sie auch mit dem Ego in Beziehung gebracht, dem fest abgegrenzten, isolierten, in sich eingefrorenen Ich.

Aufrechte Position:
Das Ego

Das Ego ist die abgegrenzte, isolierte Person. Es hat sich über die Jahre hin zwar feste Strukturen und Grenzen geschaffen, aber es muss diese Abtrennung auch ständig aufrechterhalten. Seine Hauptstrategie ist das *Nein*. Mit jedem *Nein* wird es stärker und solider. Im Konflikt kann es am besten Kontur gewinnen, aber auch im Urteilen. Das Ego verteidigt mit allen Mitteln sein kleines Inselterritorium, auf dem nur seine Maßstäbe gelten. Und wehe, jemand tritt dem Ego zu nahe, dann wird es erbarmungslos zurückschlagen. In jungen Jahren kann es sich durch Rebellion gegen Autoritäten stärken, später durch Rechthaberei und Besserwisserei am Leben erhalten. Und stolz wird es in fortgeschritten Alter mit Frank Sinatra singen „I did it my way!" Solche offensichtlichen Ego-Strukturen sind leicht zu erkennen. Daneben gibt es aber auch subtilere Varianten. Das Ego grenzt sich z.B. von anderen ab, indem es sich als besonders demütig und bescheiden präsentiert. Die Isa-Rune umfasst aber auch alle ehrlichen Versuche, den Strategien des eigenen Egos zu entkommen.

Wenn das Ego die geschlossene Faust ist, die einen imaginären Besitz festhält, dann steht die geöffnete Hand für das Loslassen. Das Eis schmilzt. Aber auch dieses Auftauen wird vom Ego oft als sein besonderes Verdienst reklamiert. Solange du dich mit anderen vergleichst oder dich auf irgendeiner Hierarchiestufe der Entwicklung zur Egolosigkeit angekommen siehst, hat sich nur der Stil des Egos verwandelt; du bist aber immer noch in seinem Herrschaftsbereich. Keiner ist ihm je entkommen. Denn mit dem Entkommen verschwindet der, der eine solche Befreiung hätte erleben können.

Wenn du die Isa-Rune in der aufrechten Position gezogen hast, hast du viel zu tun. Schau dir all deine Ego-Projekte an, alle deine Erfolgstrainings und Selbstverbesserungsversuche. Sieh vor deinem inneren Auge alle diejenigen, auf die du herunterschaust und alle jene, zu denen du aufschaust. Aber auch das Jammern und Klagen, die Selbstvorwürfe und Selbstherabsetzungen gehören zu den Ego-Aktivitäten. Vielleicht gibt es einen Bereich, wo die Last des Egos im Moment besonders drückt. Hier kannst du damit aufhören, die Ego-Programme weiter mit deiner Lebenskraft zu nähren. Nein, du musst nicht immer gut, erfolgreich, anerkannt sein. Lass etwas von deinem Eis abtauen!

Umgekehrte Position:
Niemand sein

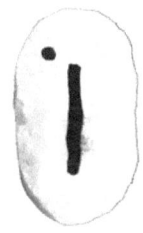 Der Glaube an das Ego, wie es in der aufrechten Ausrichtung der Isa-Rune beschrieben wurde, ist bei näherem Hinsehen eine Illusion. Die Vorstellung, dass es da jemanden gibt, der als isolierte Person existiert, ist eine Täuschung. Es ist, als ob in deinem Gehirn ununterbrochen eine Software läuft, die ständig eine Trennung suggeriert. In Wirklichkeit gibt es sie nicht. Wir sind ohne Namen, ohne Form, ohne klare Abgrenzung. Unsere wahre Natur ist unbegrenzt und unendlich, durch nichts eingeschränkt oder festgelegt. Für dieses Niemandsland gibt es keine Landkarte mit fest umrissenen Gebieten und unterscheidbaren Zonen.

Solange es jemanden gibt, der weiß, dass er Niemand ist, ist die letzte Grenze noch nicht aufgelöst. Mit dem Verlöschen der Ego-Illusion verschwindet derjenige, der sagen könnte, er sei zu einem Niemand geworden.

Die umgekehrte Isa-Rune zeigt dir den Ort, zu dem deine Sehnsucht hinzieht. Das Habenwollen ist ein Wunsch nach etwas, das von außen kommen soll; die Sehnsucht ruft dazu auf, das zu sein, was du innerlich schon immer bist. Und innerlich bist du schon das Niemandsland. Die Isa-Rune in der negativen, in der leeren Variante, ermuntert dich, diese Tatsache anzuerkennen.

Jenseits der Isa-Polarität

Halte dich dort auf, wo dich der Niemand in dir schnappen kann, wo du durch den Spiegel des Bewusstseins ins Niemandsland kippen kannst! Und dieser Niemand hat weder Charakter, noch ist er charakterlos; er hat weder Eigenschaften, noch ist er eigenschaftslos. Selbst wenn dieser Niemand zu Jemand wird, bleibt er immer unveränderlich der einzige allumfassende Nobody, in dem niemals eine Spur von Jemand gefunden werden kann. Niemand kann einer Fährte folgen, die ins Formlose führt, da niemand je dahin gegangen ist. Warum nicht? Weil du schon immer da bist, ob du es weißt oder nicht.

JERA

Traditionelle Bedeutung:
Ernten im Zyklus der Jahreszeiten

Der Name der Rune Jera steht in Beziehung zu dem Wort *Jahr*. Bei der Rune geht es einerseits um den Zyklus der Jahreszeiten, andrerseits auch um die Ernte, die zur entsprechenden Zeit eingefahren werden kann, wenn man das ganze Jahr ordentlich, d.h. den Jahreszeiten entsprechend, gearbeitet hat. Die Jera-Rune gilt deshalb traditionell als ein Hinweis auf Gelingen und Erfolg.

Aufrechte Position:
Dem Wachstum vertrauen

 Die Rune Jera ruft die ganzen Lebensbereiche auf, in denen es um Wachstum geht. Das Kind braucht eine ganz bestimmte Zeit im Mutterleib, bis es geboren wird. Ähnliches gilt für alle biologischen Prozesse, für soziale Veränderungen und auch für die Entwicklung des Bewusstseins: Alles braucht seine Zeit! Während niemand auf die Idee kommen würde, durch irgendwelche Maßnahmen die Schwangerschaft auf vier Monate zu verkürzen, ist auf anderen Gebieten die Ungeduld groß. Der Verstand hat kein Vertrauen in die natürlichen Wachstums- oder Heilungsprozesse; er möchte alles kontrollieren, optimieren und beschleunigen. Er ist auf Ziele fixiert und möchte sie mit allen Mitteln so schnell wie möglich erreichen. Auf der materiellen Ebene, z.B. beim Bau einer Straße, ist das bis zu einem gewissen Grade möglich. Im Bereich des Lebendigen und bei der spirituellen Entwicklung müssen solche Versuche jedoch scheitern. Vertraue darauf, dass du im richtigen Tempo wächst. Wenn du lange Haare haben willst, hilft es nichts, wenn du jeden Morgen zwanzig Minuten an ihnen ziehst. Sie werden dadurch nicht länger. Überlasse dich also deinem eigenen Wachstumsprozess! Er vollzieht sich von alleine und zwar nicht wegen, sondern trotz deiner Bemühungen. Und er geschieht auf eine organische Weise und auch viel eleganter, als du es dir je hättest ausdenken können. Wenn du die Jera-Rune in der aufrechten Stellung gezogen hast, ist das eine Anregung zu schauen, wo du dir selbst mit deiner Wachstums-Ungeduld im Wege stehst. Vielleicht kannst du dabei in dem Haiku des

japanischen Dichters Matsuo Bashō eine Unterstützung finden: „Still sitzen, nichts tun, der Frühling kommt und das Gras wächst von alleine." Hier bedarf es keiner Düngung; das Wachsen des Grases ist Teil des Frühlings und dessen Kommen kannst du weder beschleunigen noch verzögern. Alles passiert zu seiner Zeit; das ist die Botschaft der positiven Seite der Jera-Rune.

Umgekehrte Position:
Das leere Gewächshaus

 Eine gute Ernte gibt es für denjenigen, der als Bauer auf die Felder schaut. Nur wenn jemand da ist, der ernten will, ist Wachstum überhaupt von Belang. Der negative Pol der Jera-Rune verweist auf einen Zustand der Abwesenheit von Wachstum und Stillstand, von Blühen und Verwelken. Nur durch die Anwesenheit eines Beobachters mit seinem bewertenden Blick entsteht die Vorstellung von Ertrag und Nutzen, von Fortschritt und Entwicklung. Hier ist Jera eine Einladung, dich ins leere Gewächshaus zu setzen und dort solange zu bleiben, bis auch du völlig leer bist. Und das kannst du dir erlauben, wenn du keine Ernte erwartest, die du auf den Markt tragen möchtest. Konkreter heißt das: Lasse alle Ambitionen fallen, selbst die, keinen Ehrgeiz mehr zu haben! Der oben zitierte Haiku: „Still sitzen, nichts tun, der Frühling kommt und das Gras wächst von alleine" könnte hier vielleicht wie folgt lauten: „Keiner, der sitzt. Keiner, der nichts tut. Wer Frühling sagt, sagt schon zu viel. Gras oder nicht Gras, wen interessiert denn das?" Kein Gewächshaus, keine Ernte, kein Gärtner.

Jenseits der Jera-Polarität

Jenseits der Jera-Polarität liegt das, was niemals wachsen muss, um vollkommen zu sein. Es kann nicht reifen, es kann nicht verderben. Es braucht keine Vollendung, um voll und erfüllt zu sein. Diese absolute Reife, die kein Wachsen kennt, ist deine wahre Natur. Du kannst nicht in sie hineinwachsen, da du schon immer eins mit ihr warst. Du warst sie bereits, bevor die ersten Zellen deines Körpers zu wachsen begannen. Diese Vollkommenheit ist so absolut, dass du sie nie erreichen kannst. Du kannst in ihr nur aufgehen. Wenn sich in dir alles Gewachsene auflöst, bist du die Vollkommenheit, die du vor jeder Entwicklung warst und immer sein wirst.

EIWAZ

Traditionelle Bedeutung:
Die Eibe und der Weltenbaum

Die Rune Eiwaz wird manchmal auch Ihwa genannt. In beiden Namen kann man die Beziehung zu *Eibe* erkennen. Die traditionelle Bedeutung von Eiwaz/Ihwa leitet sich zum einen aus den Eigenschaften der Eibe ab, zum anderen wird sie von Yggdrasil bestimmt, dem Weltenbaum in der nordischen Kosmologie, der sich als Achse durch alle Ebenen der Welt erstreckt und diese verbindet und zusammenhält. Von diesem Baum wird angenommen, dass es sich um eine Eibe handelt.

Die Eibe gilt als besonders widerstandsfähig, da bei ihr aus den absterbenden Teilen wieder neue Sprösslinge wachsen. Die Eibe ist eine Heil- und Giftpflanze, deren Ausdünstungen auch bewusstseinsverändernde Wirkung zugeschrieben werden; schließlich war das Eibenholz lange Zeit das Hauptmaterial zur Herstellung von Waffen. Insbesondere die Bögen wurden aus diesem Material gefertigt. Insofern steht Eiwaz auch für den bewaffneten Krieger oder Jäger.

Aufrechte Position:
Orientierung

Der Weltenbaum Yggdrasil umfasst den gesamten Kosmos; alles, was existiert, befindet sich sozusagen innerhalb des Koordinatensystems seiner Äste und Zweige. Die Welteneibe stellt den ganzen Spielraum unseres Lebens dar; durch sie ist das räumliche Bezugssystem unserer Existenz abgesteckt: Oben/unten, links/rechts, vorne/hinten, nahe/fern. Dabei spielt insbesondere die vertikale Ausrichtung des Weltenbaums eine zentrale Rolle. Wir ordnen unsere Welt „nach oben und unten". Unten befinden sich die niederen, animalischen Sphären, oben das Edle, das Geistige, das Spirituelle. Keine Gesellschaft verzichtet auf soziale Hierarchien: Oben die Herrschenden, die Adligen, die Gelehrten und Priester, unten die Hilfsarbeiter, die Mittellosen, die Angehörigen der unteren Kasten.

In der aufrechten Stellung weist die Eiwaz-Rune auf eine günstige Position hin: Du bist am richtigen Ort! Von hier aus kannst du erspüren, in welche Richtung der nächste Schritt geht. Die andere Seite dieser Position der Rune, sozusagen ihr Schatten, ist der Orientierungsdruck. Die Eiwaz Rune konfrontiert dich mit deinem Bedürfnis, dich ständig orientieren zu wollen.

Du willst genau wissen, wo du im Moment auf deinem Weg bist. Du schaust aber auch genau, wo du in Beziehung zu andern stehst. Wer befindet sich über dir, auf wen kannst du herunter blicken? Immer willst du deinen Platz und deine Position bestimmen. Du willst immer wissen, wohin die Reise geht. Bist du noch im Aufstieg begriffen oder geht es mit dir schon bergab? Hier lädt dich Eiwaz ein, deinen Navigator auszuschalten und dich auf eine Fahrt ins Blaue einzulassen. Solange die Rune aufrecht steht, brauchst du dir keine Gedanken zu machen: Du befindest dich immer auf irgendeinem Ast der Welteneibe und bist dort gut aufgehoben. Du kannst auch den Eibenbogen unbesorgt aus der Hand legen, weil es keine Ziele gibt, für die du kämpfen musst und keine Beute, die es zu erjagen gilt. Sogar die Schamanen-Reise unterm Eibenbaum muss dich nicht mehr in andere Welten führen. Deine Reise geht immer von hier nach hier.

Umgekehrte Position:
Das Nichts

 Während die positive Polarität von Eiwaz den Weltenbaum Yggdrasil umfasst, der den gesamten Kosmos symbolisiert, steht der negative Eiwaz-Pol für die Leere, das Nichts, das Vakuum, für die Abwesenheit von allem, ortloses, zeitloses Nichtsein. Kein Oben, kein Unten, keine Form, keine Struktur, keine Ordnung, keine Orientierung. Es ist der Nicht-Bereich der Null.

Die umgekehrte Eiwaz-Rune kann verschiedene Einladungen enthalten. Sie kann dich ermutigen, dich der Leere auszusetzen und einfach in diesen Abgrund der Orientierungslosigkeit zu springen. Du kannst dich von ihr auch auf den Weg der Negation schicken lassen, wenn du dich der Leere lieber schrittweise annähern willst. Bei der Frage etwa „Wer bin ich?", kannst du so vorgehen, dass du zuerst bestimmst, was du nicht bist: „Ich bin nicht meine soziale Rolle, ich bin nicht mein Körper" ... usw. In der indischen Philosophie ist dieses Verfahren als *neti – neti* bekannt, im Westen spricht man von der *Via Negativa*. Auf dem Weg des *neti – neti* wird alles negiert. Dann gibt es weder oben noch unten, weder gut noch böse, weder Yin noch Yang; jede Orientierung, jede Vorstellung wird mit diesem Negationsvorgang ausgelöscht .... bis nur noch Leere bleibt. Aber auch die fällt letztlich dem *neti – neti* zum Opfer: Weder Leere noch Fülle.

Jenseits der Eiwaz-Polarität

Was du bist, braucht weder Ort noch Raum, um allumfassend zu sein, und es braucht keine Leere, um Nichts zu sein. Es ist die Fülle der Leere und die Leere der Fülle. Dorthin kannst du den, der alles verstehen und wissen will, nicht mitnehmen. Diesen Bereich jenseits von Form und Formlosigkeit kannst du nicht erleben. Er wird nie Teil deiner Geschichte werden, du kannst nur spurlos in ihm aufgehen und das sein, was du schon immer warst. Dann bist du einfach da, ohne wissen zu müssen, was da ist und was nicht da ist – wie ein neugeborenes Kind.

PERTHRO

Traditionelle Bedeutung:
Das Geheimnis

Traditionell gilt Perthro als Rune der Geheimnisse. Die Form der Rune wird als Würfelbecher oder Vulva gedeutet. Der Würfelbecher steht für alles im Leben, was wir nicht beeinflussen können. Durch den Bezug zur Vulva wird Perthro auch als Rune von Geburt und Wiedergeburt angesehen. Weiterhin wird das Geheimnis der Zeit mit dieser Rune in Verbindung gebracht. Perthro symbolisiert das Geheimnisvolle, aber auch die Einweihung ins Mysteriöse.

Aufrechte Position:
Das Geheimnis entschlüsseln

Der Verstand fühlt sich am wohlsten, wenn er alles versteht. Er will alle Phänomene entschlüsseln, analysieren und auf überprüfbare Gesetzmäßigkeiten zurückführen. Das ist die Welt der Naturwissenschaft. Aber es gibt vieles, was wissenschaftlich nicht erklärt werden kann. Die rational orientierten Menschen hoffen darauf, dass die Wissenschaft alle Rätsel in der Zukunft lösen wird.

Wer diese Erwartung nicht teilt, greift zu den Deutungsangeboten der Religionen oder der Geheimwissenschaften und baut sich ein System, um das Rätselhafte zu erfassen und es so dem Verstand zu unterwerfen. Die Perthro-Rune steht für all diese Bemühungen, das Geheimnisvolle zu enträtseln, angefangen von den magischen Vorstellungen über Omen und Vorbedeutungen bis hin zur Wahrscheinlichkeitstheorie und zur Erforschung unbekannter Zusammenhänge. Perthro ist auch die Rune der Esoterik, der Mysterien-Schulen und des Okkultismus. Wenn du diese Rune gezogen hast, bist du mit der Frage konfrontiert, wie du dir Erklärungen für das Unerklärliche zurechtlegst. Offenbar bist du an solchen Systemen interessiert, denn sonst würdest du kein Buch über Runen lesen. Betrachte einfach mal deine Neigung, das Unvorhersehbare im Voraus wissen zu wollen, dein Bedürfnis, ins Verborgene eingeweiht zu werden und so das große Rätsel zu entschlüsseln. Hinter diesem Wunsch steht die Angst, die Kontrolle zu verlieren und das Verlangen, dich auf das Unplanbare doch irgendwie vorbereiten zu können. Benutze diese Rune, um aus der Überbewertung des Runenziehens und anderer divinatorischen Praktiken herauszukommen. Gleichgültig welche Rune du ziehst, du bleibst immer in der Hand des Ungewissen. Kein noch so ausgefeiltes System kann dir sagen, wer du bist, und Hinweise dafür geben, was du tun sollst. Erst wenn es darauf ankommt, kannst du wissen, was zu tun ist. Voraussetzung dafür ist allerdings, dass du die Kunst gelernt hast, im entscheidenden Moment präsent zu sein, und nicht versuchst, dich daran zu erinnern, welche Ratschläge dir zuvor aus höheren Sphären übermittelt wurden.

Umgekehrte Position:
Das Geheimnis leben

In der umgekehrten Position lädt dich die Rune Perthro ein, die rationalen und die esoterischen Erklärungsversuche beide gleichzeitig fallen zu lassen. Erlaube dir, in allen Situationen den Anhauch des Undeutbaren, des Unerklärlichen zu spüren. Lass dich mit dem Mysteriösen leben und lass denjenigen, der unbedingt alles wissen will, mehr und mehr in diesem Mysterium aufgehen. Gib alle Versuche und Anstrengungen auf zu verstehen, was für ein Persönlichkeitstyp du bist, ob du ein Erd-, Luft-, Wasser- oder Feuerzeichen bist, was du für ein Karma mit dir trägst und was dir das Schicksal als Lebensaufgabe gestellt hat. Das alles sind nur Versuche, das Mysterium irgendwie zu entschleiern, um dadurch mehr Kontrolle und Sicherheit zu gewinnen. Den Zugang zum Geheimnis findet nicht der mit allen Systemen vertraute Geheimwissenschaftler, sondern derjenige, der mit den staunenden Augen eines Kindes durch die Welt geht. Lass dieses Staunen des Nichtwissens dein Zugang zu den Geheimnissen des Lebens sein.

Wenn du die Rune für eine bestimmte Frage, für eine bestimmte Situation gezogen hast, lautet die Botschaft: Du brauchst es nicht zu wissen. Die Dinge sind, wie sie sind. Keine Erklärung, kein Grund, keine verborgenen Botschaften – es gibt nichts aufzuklären, keine höhere Ordnung zeigt sich, alle Schleier sind bereits gelüftet. Alles ist offenbar.

Jenseits der Perthro-Polarität

Jenseits der Perthro-Polarität gibt es keine Geheimnisse, weil es niemanden gibt, der sie entschlüsseln will. Es ist der Nicht-Ort jenseits von Zeit und Geburt, jenseits von Erkennbarem und Nicht-Erkennbarem. Das ist der Bereich deines ursprünglichen Gesichts. Du bist das Undefinierbare und das offenbare Geheimnis. Um das zu sein, musst du nicht mal wissen, dass du da bist. Im tiefen Schlaf bist du dir selbst völlig unzugänglich und unbekannt und doch existierst du als der, der du bist, unmittelbar und durch keinen Schleier der Illusion verstellt.

ELHAZ/ALGIZ

Traditionelle Bedeutung:
Schutz

Die überlieferte Bedeutung von Elhaz ist *Schutz*. Die
Rune wird manchmal auch Algiz genannt; damit wird
die Beziehung zu *Elch* sprachlich bis heute noch nach-
vollziehbar. Mit Schutz ist die Abwehr von Feinden
gemeint, aber auch das Bewahren und Erhalten des
Bestehenden. Die Rune steht auch für die Schutzgeister
einer Person. Dabei ist vor allem an *hamingja* zu denken.
Das germanische Wort wird häufig einfach mit *Glück*
übersetzt. Gemeint ist aber eher der gute Genius eines
Menschen. Im Gegensatz zu der Vorstellung von
Schutzengeln in der christlichen Mythologie wird *hamingja* aber nicht als eine von außen kommende Wesenheit
angesehen, sondern als Teil der Person selbst aufgefasst.

Aufrechte Position:
Sicherheit – Risiko

Das Leben ist unberechenbar. Immer sind wir verletzlich und gefährdet. Um uns gegen diese Unsicherheiten zu wappnen, entwickeln wir umfangreiche Schutzvorrichtungen. Die Elhaz-Rune steht für alle Anstrengungen zur Absicherung gegen die Unwägbarkeiten des Lebens. Staaten stellen Armeen auf, die Schutz vor feindlichen Angriffen bieten sollen. Hunderte von Versicherungen versprechen, uns bei Krankheiten, Unfällen und Vermögensverlusten abzusichern. Auch in unserem täglichen Leben gehen wir gerne ,auf Nummer sicher'. Wir bleiben im sicheren Job, wir versuchen, unserer Liebesbeziehung durch eine Ehe Dauer zu verleihen und wir gehen immer wieder die gleichen Wege, weil wir uns in Routinen sicher fühlen. Elhaz wirkt also als eine mächtige Kraft in viele Aspekte unseres Lebens hinein. Wenn du die Rune in der aufrechten Position gezogen hast, ist das eine Einladung nachzuforschen, wo du im Sicherheitsdenken festsitzt. Wo ist dein Bedürfnis nach Schutz so groß, dass du dich in deiner weiteren Entwicklung einschränkst? Wo opferst du dem Bedürfnis nach einem sicheren Hafen alle Möglichkeiten für Veränderung, Wachstum und Abenteuer? Wenn du in der Sicherheitsfalle sitzt, ist es gut, mehr Risiken einzugehen. Das öffnet dir neue Möglichkeiten, dich zu entfalten.

Die Strategie, mehr zu wagen, unterscheidet sich aber nicht grundsätzlich vom risikoscheuen Verhalten. Der Hasardeur rechnet eben nur anders als der Sicherheitsmensch: Er setzt etwas aufs Spiel, um mehr zu gewinnen. Es ist jedoch der gleiche kalkulierende Verstand, der die Verhaltensmöglichkeiten abwägt.

Wenn du ein risikofreudiger Mensch bist, fordert die Elhaz-Rune dich heraus, dir die folgende Frage zu stellen: „Tauchst du voller Vertrauen ins Abenteuer des Lebens ein, weil deine Sehnsucht dich ins Unbekannte lockt, oder ist deine Risikobereitschaft nur ein Weg, um im Leben bessere Resultate zu erreichen?"

Umgekehrte Position:
Das Glück der Blauäugigen

 Die Elhaz-Rune in der umgekehrten Position verweist dich auf eine Lebenshaltung, die weder mit Sicherheitsdenken noch mit Risikobereitschaft etwas zu tun hat. Du springst in den Fluss des Lebens ohne nachzudenken. Und diese Unbesorgtheit schützt und trägt dich. Es ist die Naivität des Kindes, das in seiner Unschuld durch Gefahren wandeln kann, vor denen selbst der erfahrenste Abenteurer zurückschrecken würde. Es ist auch die Haltung des *Hans im Glück*, der bei seinen Tauschgeschäften nicht nachrechnet und nicht an Gewinn und Verlust denkt. Am Ende, wenn er mit leeren Händen dasteht, kann er ausrufen: „So glücklich wie ich gibt es keinen Menschen unter der Sonne." Und er kann „mit leichtem Herzen und frei von aller Last" nach Hause gehen. Dieses Glück stellt sich ein, wenn du den kalkulierenden Verstand hinter dir gelassen hast, wenn du dir selber nicht mehr im Wege stehst und dich einfach dem Leben hingibst. In dieser Hingabe bist du aufgehoben.

Wenn du die Elhaz-Rune in der umgekehrten Position gezogen hast, lädt sie dich ein, ‚Hans oder Johanna im Glück' zu sein, einfach dem spontanen Impuls zu vertrauen und so leichten Herzens nach Hause zu kommen; sie gibt dir einen Anstoß, dich ungeschützt im Strom des Lebens aufzulösen, in dem jeder Ort dein Zuhause ist.

Jenseits der Elhaz-Polarität

Jenseits der Elhaz-Polarität von kalkuliertem Risiko und der Hingabe an das Leben liegt ein Bereich, der weder sicher noch unsicher ist, weder spontan noch kalkuliert. Dein wahres Wesen braucht keine Sicherheiten und kennt keine Bedrohungen. Wenn du dich in den Raum jenseits der Elhaz-Polarität begibst, dann wird alles, was du immer absichern und schützen wolltest, unwiderruflich verloren gehen. Nichts von dir und deinen Sorgen und Plänen wird übrig bleiben und auch derjenige, der alle Sorgen vergessen hat, wird verschwinden – aber das, was du immer warst und immer sein wirst, wird aufscheinen.

SOWILO

Traditionelle Bedeutung:
Die Sonne

Traditionell steht die Rune Sowilo für die Sonne und damit für Wärme, Licht und lebensspendende Energie. Darüber hinaus gilt die Rune auch als Symbol für die zielgerichtete Kraftanstrengung eines Individuums oder einer Gruppe und für den dadurch erzielten Erfolg.

Aufrechte Position:
Energie

Mit der Sowilo-Rune sind sämtliche energetischen Prozesse aufgerufen, von der Kernverschmelzung im Inneren der Sonne über die Lebensprozesse in der Biosphäre bis hin zu den emotionalen und psychischen Energien: Alles ist Energie und Energieumwandlung. In der positiven Ausrichtung steht Sowilo für Vitalität, Licht und Ausstrahlung.

Wenn du die Rune in der aufrechten Position gezogen hast, bist du mit der Frage konfrontiert, wie du mit deiner Lebensenergie umgehst. Welchen emotionalen und psychischen Energien gibst du Raum in dir? Wo fließt deine Bioenergie und wo stoppst du sie durch chronische Zurückhaltung? Kannst du die Energien, die in dir fließen, einfach nur beobachten ohne zu werten oder bist du gegen manche Energien im Abwehrkampf? Erlaubst du dir nur, die positiven Energien zu spüren, und versuchst sie zu bündeln, um deine Ziele zu erreichen? Dann ist dir Energie nur als aktive schwungvolle Lebenskraft willkommen, mit der du deine Pläne verwirklichen kannst. Sind dagegen andere Energien wie Ärger oder Wut nicht erwünscht und werden unterdrückt? Und wie sieht es aus mit den feineren, spirituellen Energien? Der große gesellschaftliche Erfolg ist dir vielleicht nicht mehr so wichtig; aber bist du wie süchtig nach den feinen Schwingungen, den hohen Energieformen, dem erhabenen Gefühl des energetischen Aufgeladenseins mit Prana oder Chi, also nach den großen und kleinen ekstatischen Momenten? Immer in der Herzens-Energie zu sein, das ist vielleicht dein Wunsch, ganz in den Schwingungen des dritten Auges aufgehen, dahin willst du gelangen. Das ist alles OK. Aber: Alle Formen von Energie sind gleichwertig. Die Sowilo-Rune lädt dich ein, eine Bestandsaufahme deiner Urteile über dich als Energiewesen zu machen. Schau nach, wo du mit deinem „Nein" den natürlichen Fluss der Energien stoppst. Werde dir aber auch bewusst, ob du mit Vorstellungen über einen energetischen Idealzustand das verpasst, was gerade wirklich passiert. Schließlich weist dich Sowilo auch auf die Instanz hin, die den Energiefluss beobachtet. Gleichgültig wie fein oder still der Energieraum auch sein mag, den du erlebst, ist er doch immer Gegenstand der Beobachtung und nie mit dem Beobachter identisch.

Umgekehrte Position:
Die Dunkelheit

Auf der positiven Seite steht Sowilo für die Sonne und ihr Licht; du siehst die Energie, die strahlt, die Energie in Aktion. In der umgekehrten Position triffst du auf den leeren Raum, auf die kosmische Nacht: nur Dunkelheit und Stillstand, keine Aktion, keine Strahlkraft.

Die Dunkelheit bietet aber auch eine Atmosphäre von Ruhe und Schutz. Das Samenkorn bleibt lange im Dunkel der Erde verborgen, bevor sich die ersten Keime ans Licht der Sonne wagen können; das Kind verbringt neun Monate im Mutterleib in tiefer Stille und Dunkelheit. So braucht alles, was wächst, die Dunkelheit, bevor es ans Licht kommen kann. Die Dunkelheit trägt den Hauch der Ewigkeit mehr in sich als das Licht. Gleichgültig wie groß die Lichtquelle ist, einmal wird ihre Kraft aufgebraucht sein und sie wird früher oder später verlöschen. Dann bleibt die Dunkelheit für immer.

Wenn du Sowilo in der umgekehrten Position gezogen hast, lautet die Frage an dich: „Wie gehst du damit um, wenn dich deine Lebensenergie nicht mehr von einem Höhenflug zum nächsten trägt?" Die Rune lädt dich ein, Dunkelheit und Nacht ebenso zu akzeptieren wie das Licht. Erlaube dir, diese Zustände von Leere und Stillstand als Phasen der Ruhe und Regeneration zu verstehen und zuzulassen. Und vielleicht bist du in diesen Zustand der Kraftlosigkeit geraten, weil alle Projekte, die du mit deiner Lebensenergie vorangetrieben hast, sich als sinnlos erwiesen haben und dir nicht das gebracht haben, wonach du dich gesehnt hast. In dieser Dunkelheit kommen dir auch alle Unterscheidungsmöglichkeiten und Werte abhanden und du weißt nicht mehr, wo du deine Lebenskraft hinlenken sollst. Entspanne dich in diese Situation wie in einen tiefen Schlaf, der ebenfalls die Dunkelheit braucht. Dieser Zustand ist ein Mutterleib, aus dem etwas ganz Neues geboren werden kann.

Jenseits der Sowilo-Polarität

Das, was dich ausmacht, ist weder Energie noch Stillstand, weder Licht noch Dunkelheit, weder Ruhe noch Bewegung, es ist all dieses und nichts davon. Dein wahres Selbst braucht kein Licht, um zu strahlen, und keine Dunkelheit, um in sich zu ruhen. Es ist das unsichtbare Licht und die leuchtende Dunkelheit. Verschmelze mit diesem Schwarzen Loch und werde als die Sonne wiedergeboren, die du schon immer warst.

TAIWAZ

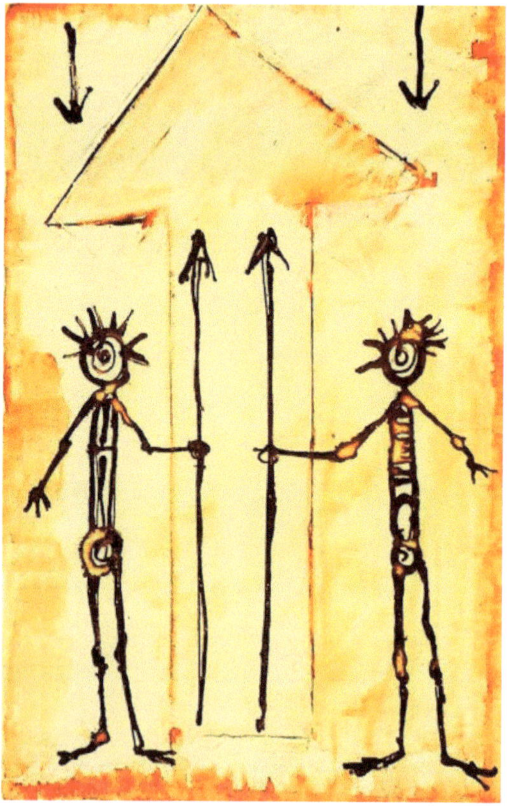

Traditionelle Bedeutung:
Der Krieger

Traditionell symbolisiert die Rune Taiwaz den Kriegs-
gott Tyr und seinen Kampf für eine gute Sache. Tyr
kämpft mutig und aufopferungsvoll für die Gerechtigkeit, die Einhaltung der traditionellen Stammesgesetze
und die göttliche Ordnung schlechthin. Taiwaz symbolisiert Krieger-Tugenden wie Mut, Unerschrockenheit,
Loyalität und Ausdauer.

Aufrechte Position:
Der Kampf für die gute Sache

Die Energie der Taiwaz-Rune umfasst den ganzen Bereich der mehr oder minder rabiaten Anstrengungen, die Welt nach den eigenen Vorstellungen von Gerechtigkeit und Wahrheit zu verändern. In diesen Bereich fallen nicht nur die Religionskriege und Zwangsmissionierungen, sondern auch alle Versuche von Einzelnen oder Gruppen, das von ihnen als richtig Erkannte druckvoll und für alle verbindlich durchzusetzen. Selbstverständlich tun sie das immer mit den besten Absichten und in der festen Überzeugung, damit dem göttlichen Gesetz, der Vernunft, der sozialen Gerechtigkeit oder der letztendlichen Bestimmung der Menschheit zu dienen. Alle, die für etwas kämpfen, und sei es für den Frieden, sind Gefolgsleute von Tyr und versammeln sich unter dem Zeichen dieser Rune. Dabei spielt es keine Rolle, ob sich der Kampf für das Rechte und Richtige auf der großen historischen Bühne abspielt oder im Rahmen der eigenen kleinen Gruppe.

Die Faszination, die von der Energie des Kampfes ausgeht, ist so groß, dass viele Menschen auch den Prozess ihres inneren Wachstums als einen Kampf auffassen. Sie kämpfen gegen ihre schlechten Eigenschaften, gegen den inneren Schweinehund, gegen die Versuchung des Bösen, gegen ihre Blockaden, gegen das Unbewusste in sich selbst. Sogar in der Meditation versuchen sie, ihre Gedanken zu kontrollieren oder die Schmerzen zu bekämpfen, die sich einstellen, wenn sie sich eine bestimmte Sitzhaltung aufgezwungen haben. Sie versuchen, sich durch die strenge Disziplin einer Sadhana ins Licht empor zu kämpfen.

Wenn du die Taiwaz-Rune in der aufrechten Position gezogen hast, bist du mit der Frage nach deinen äußeren und inneren Kämpfen konfrontiert. Welche Kapitel deines Lebens stehen unter dem Vorzeichen der Taiwaz-Energie? War es Kampf um Anerkennung, Kampf gegen die Ungerechtigkeit in der Familie, Kampf um eine Beziehung, Kampf um den beruflichen Aufstieg? Wie sieht es mit deinen Siegen aus? Was hast du dir im Leben erkämpfen müssen und was wurde dir geschenkt? Und? … ist nach einem Sieg Frieden eingekehrt? Hat dich der Sieg zufrieden gemacht und wenn ja, wie lange hat das angehalten?

In manchen Phasen des Lebens brauchen wir den Kampf. Er bündelt unsere Energien und gibt uns eine klare Richtung. Er kann uns wichtige Erfahrungen bringen und zeigt die Möglichkeiten und Grenzen unserer Anstrengungen auf. Aber dann kommt auch der Zeitpunkt, wo du die Einsicht gewinnst, dass dein Kampf mit der Welt unsinnig ist. Die Taiwaz-Rune in der aufrechten Position lädt dich ein, den Kampf als Lebensform aufzugeben. Was du bis dahin als Kampf aufgefasst hast, kannst du dann mit spielerischer Gelassenheit angehen. Nimm den Absolutheitsanspruch aus deinen Projekten und lass die unerbittliche Ernsthaftigkeit fallen. Verwandle das angestrengte vorwärts Schreiten in einen Tanz, der jedes Ziel vergisst und die Bewegung um ihrer selbst willen genießt.

Umgekehrte Position:
Hingabe

 Hingabe ist die Abwesenheit von Kampf. Du hast eingesehen, dass das Kämpfen einfach sinnlos ist. Die Anstrengung fällt ganz alleine von dir ab. Hingabe ist aber nicht das Gleiche wie Unterwerfung. Wenn du dich unterwirfst, hast du einfach deinen Kampf verloren und du musst es erdulden, dass der Sieger dir seinen Willen aufzwingt. Hingabe ist völlig anders. Du vertraust der Existenz, dass schon das Richtige passiert. Du hast es einfach nicht mehr nötig, der Welt deinen Stempel aufzudrücken. Für dich ist der Krieg vorbei und du kannst dich entspannen. Statt die Welt danach abzusuchen, wo du ihr mit deinem „Nein" den Kampf ansagen kannst, begegnest du ihr mit einem „Ja". Alle Konflikte verschwinden und mit den Konflikten schwindet auch derjenige, der sich im Kampf als getrennt von der Welt erleben will.

Du kannst zulassen, dass sich der Kämpfer in dir auflöst und dass du immer mehr ins Ganze hinein schmilzt. Du gibst dich nicht an eine Person oder an eine andere Instanz hin; du verlierst dich einfach und brauchst nicht mal zu wissen, in was oder wohin du verschwindest.

Wenn du die Taiwaz-Rune in der umgekehrten Stellung gezogen hast, ist das ein Hinweis darauf, dass es Zeit ist, dich zu entspannen und alles, was geschieht, einfach nur zu beobachten. Hingabe ist nichts, was du machen kannst. Sie passiert dir, sie ist keine Leistung, kein erarbeitetes Resultat deiner Bemühungen. Du kannst höchstens aufmerksam sein, wenn der Wind in diese Richtung weht, und dich dann treiben lassen. Und dass du die Taiwaz-Rune in der umgekehrten Position in der Hand hältst, zeigt, dass die Zeichen auf *loslassen* stehen. In Wirklichkeit kannst du sowieso nichts tun, es kann dir allerdings passieren, dass du die Illusion durchschaust, alles in der Hand zu haben.

Jenseits der Taiwaz-Polarität

Deine wahre Existenz weiß nichts von deinen Kämpfen und braucht deine Hingabe nicht. Du bist dieser Existenz hingegeben, ob du es weißt oder nicht. Dein wahres Wesen ist unbesiegbar und kann nichts gewinnen oder verlieren, weil es schon alles hat. Aber sowohl der Sieger als auch derjenige, der sich hingibt, sind endgültig besiegt und aufgelöst in der Realität, die du immer schon warst.

BERKANA

Traditionelle Bedeutung:
Die Urmutter

Die Rune *Berkana* steht, wie man dem Namen auch heute noch ansehen kann, zunächst für die Birke. Die Birke galt als heiliger Baum, der bei Fruchtbarkeitsriten im Frühling eine zentrale Rolle spielte. Noch heute werden in manchen Gegenden bei Maifesten Birkenzweige gerne als Schmuck verwendet. Berkana symbolisiert die Urmutter, die alles Lebendige hervorbringt und unter ihrem Schutz gedeihen lässt. Fruchtbarkeit, Geburt, Hege und Pflege sind Begriffe, die traditionell mit Berkana assoziiert werden.

Aufrechte Position:
Wachstum, Mutter Erde

 Die Rune Berkana steht für alles, was wächst und was in seinem Wachstum gepflegt und unterstützt werden muss. Wir haben es hier mit der weiblichen Energie in ihrer mütterlichen Form zu tun. Fruchtbarkeit, Geburt, das Nähren und Beschützen des Lebendigen sind Themen, die von der Berkana-Rune angesprochen werden. Da wir alle auf der Mutter Erde leben und Teil des Lebensprozesses sind, wirft die Berkana-Rune die Frage auf, wie wir mit unserer Lebenssphäre umgehen.

Wenn du die Berkana-Rune in der aufrechten Position gezogen hast, rückt das große Thema „Mutter und Mütterlichkeit" in den Blickpunkt und damit kannst du dich fragen: Wie weit habe ich das Verhältnis zu meiner Mutter geklärt? Neige ich zur Idealisierung meiner Mutter? Bin ich noch in einen Konflikt mit ihr verstrickt? Gibt es noch Wunden und Anteile in mir, die verkümmert sind, weil ich mich nicht genug angenommen, genährt und beschützt gefühlt habe? Die Auseinandersetzung mit der Mutter ist von großer Bedeutung für unser seelisches Wachstum. Die Berkana-Rune fordert dich auf zu schauen, wo du in diesem Prozess stehst. Kannst du deine Mutter als die Frau sehen, die sie war mit all ihren Licht- und Schattenseiten? Und kannst du sie, so wie sie ist oder war, annehmen?

Wenn du selber Kinder hast und Mutter bist, bist du täglich an die Elementarkraft dieser Rune angeschlossen. Wie gehst du mit dieser Kraft um? Bist du eine gute Mutter? Was heißt es für dich, eine gute Mutter zu sein?

Berkana fragt dich auch: „Bist du dir selbst eine gute Mutter? Sorgst du gut für dich oder behandelst du dich selbst wie ein Stiefkind?"

Diese Rune zu ziehen fordert von dir eine Zwischenbilanz deines Umgangs mit der Berkana-Energie. Wie sieht dein Balanceakt zwischen Liebe und Freiheit aus? Kannst du den Kindern und dir selber neben Liebe und Fürsorge auch Freiheit geben?

Wenn du dich auf dem spirituellen Weg befindest, repräsentiert Berkana auch dein inneres Wachstum. Du kannst es schützen und fördern, aber wie bei den biologischen Prozessen kannst du nichts durch Druck oder Drängeln ausrichten. Die Blume wächst von alleine und es ist nicht hilfreich, wenn du ständig an ihr herum zupfst. Die Blüte kommt zur rechten Zeit und belohnt dich für deine Geduld. Schließlich kann man Berkana auch als das Versprechen der Wiedergeburt verstehen, nicht nur in irgendeiner zukünftigen Inkarnation, sondern schon in diesem Leben. Du kannst dich selbst neu hervorbringen, das Alte hinter dir lassen und frisch in ein neues Leben eintreten.

Umgekehrte Position:
Das, was nicht zu wachsen braucht

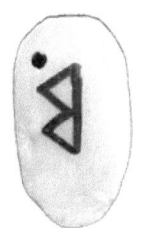 Die positive, aufrechte Stellung jeder Rune repräsentiert das, was in der Welt in irgendeiner Weise existiert. Es geht um die ganze Fülle der Objekte, die in unserer Wahrnehmung erscheinen. Sie kommen und gehen, sie tauchen auf, verändern sich und vergehen wieder.

Auf der Mutter Erde findet ein ständiger Prozess von Werden und Vergehen statt; der Himmel jedoch bleibt immer unverändert. Es mögen Wolken über ihn hinziehen, aber hinter den Wolken bleibt immer das gleiche endlose Blau.

Die umgekehrte Berkana-Rune steht für den Bewusstseinsraum, in dem alle Dinge erscheinen. Er kommt nicht, er geht nicht. Er ist immer unverändert da. Deshalb muss er nicht wachsen und kann auch nicht verschwinden. Die Rune lädt dich ein, dich nicht auf die Dinge und Inhalte zu fixieren, sondern dich auf das Bewusstsein auszurichten, das die Objekte wahrnimmt. Wenn du diese Perspektive einnimmst, wirst du die große Stille spüren, die in diesem Raum herrscht. Ja, du kannst selbst zu dieser Stille werden.

Auf der Ebene der Phänomene und Dinge kann großes Chaos, Getöse und Gewimmel herrschen. Der Bewusstseinshintergrund, auf dem sich das alles abspielt, bleibt aber immer still. In unserem Kopf ist ein ständiges Kommen und Gehen von Gedanken und Gefühlen. Da ist eine ununterbrochene Abfolge von innerem Dialog, von Empfindungen und von allerlei Hirngespinsten. Die Instanz, die das alles wahrnimmt, bleibt jedoch unverändert still.

Mit der Umkehrung der Berkana-Rune bist du aufgefordert umzuschalten. Höre auf, dich mit den Objekten zu identifizieren; sei immer mehr in dem stillen Bewusstsein, das alle Inhalte einfach wahrnimmt ohne zu urteilen. So kannst du erfahren, was die Zen-Mönche das „ursprüngliche Gesicht" nennen. Das ist deine Essenz, die nicht geboren wird und die nicht stirbt.

Jenseits der Berkana-Polarität

Dein wahres Wesen weiß nichts vom Werden und Verlöschen und nichts von der Ewigkeit. Du bist jenseits
von Wachstum und Vergehen, aber auch jenseits von
Raum und Beobachter. Du bist das, was nicht geboren
werden muss, um zu sein. Dein „ursprüngliches Gesicht" erscheint, wenn es keinen mehr gibt, dem es gehört, und keinen, der diese Tatsache erkennen könnte.
Es gibt keinen Spiegel, in dem es sich wiedererkennen
könnte, denn außer ihm existiert nichts, das es reflektieren könnte.

EHWAZ

M

Traditionelle Bedeutung:
Das Pferd als Reittier

Traditionell steht die Ehwaz-Rune für das Pferd; insbesondere meint Ehwaz das Pferd als Reittier und damit auch die Beziehung zwischen Reiter und Pferd. Insofern wird auch immer wieder *Harmonie* als Bedeutungsaspekt von Ehwaz genannt. Wenn das Pferd und der Reiter harmonieren, können große Strecken schnell zurückgelegt werden und der Mensch kann Ziele erreichen, zu denen er ohne sein Pferd nicht hätte gelangen können.

Aufrechte Position:
Technik – Know-how – Machbarkeit

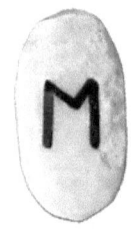 In den Kulturen der Vergangenheit war das Pferd für den Menschen zur Fortbewegung und bei schweren Arbeiten unentbehrlich. Heute bedienen wir uns hierfür der Technik. Wir pflügen mit dem Traktor und wir reisen im Auto oder mit dem Flugzeug. In unserer Zeit steht die Ehwaz-Rune deshalb für alle technischen Mittel, mit denen wir Menschen unsere geringen Körperkräfte bis ins Unvorstellbare gesteigert und vervielfältigt haben. Wir haben gelernt, unsere körperliche und intellektuelle Begrenztheit durch Maschinen und Apparate zu erweitern. Dabei hat sich aber auch der Glauben an die technische Machbarkeit entwickelt, d.h. die Überzeugung, dass mit der richtigen Technik alles bewältigt werden kann. Der Zugriff auf die Welt ist der des Beherrschens und Kontrollierens geworden.

Wenn du die Ehwaz-Rune in der aufrechten Position gezogen hast, fordert sie dich auf, über deine Einstellung zur Machbarkeit nachzudenken. Glaubst du, dass du letztlich nur die richtigen Techniken und Strategien anwenden musst, um ein gutes Leben zu führen? Die Angebote an Rezepten für die perfekte Lebenspraxis sind unüberschaubar. „In die sieben Schritten zur finanziellen Unabhängigkeit", „50 Tipps für die erfolgreiche Karriere", „Wie du sympathisch und attraktiv wirkst", „So gelingt deine Beziehung", „Das Zehn-Punkte-Programm für seelische und geistige Gesundheit" usw.

Wenn du trotz aller Anleitungen immer noch nicht glücklich bist, dann vermutest du, die richtige Formel einfach noch nicht gefunden zu haben. Die Ehwaz-Rune stellt deinen Glauben an die Machbarkeit in Frage.

Keine noch so ausgefeilte Sammlung von Methoden wird dir das Glück bringen, weil du dir genau mit diesen Techniken selbst im Wege stehst.

Auf dem spirituellen Weg stellt sich die Frage nach den Techniken noch viel dringlicher. Ein Guru findet schnell eine große Anhängerschaft, wenn er ein Arsenal von Techniken bereithält, mit denen der Schüler die einzelnen Stufen zur Erleuchtung angeblich sicher hinaufsteigen kann. Atemtechniken, Körperpositionen, Mantras, Visualisierungsanleitungen, Meditationstechniken – all das sind Verfahren, um Fortschritte auf dem Wege zur Überwindung des Egos zu machen. Und der Guru kann noch so oft betonen, dass es nicht die Techniken sind, die dich befreien, sondern, dass der verschwinden muss, der die Techniken ausübt. Die Anhänglichkeit des Schülers an die Techniken ist aber schier unüberwindlich, denn solange er eine Technik ausübt, glaubt er, die Kontrolle über sein Leben zu haben.

Wenn du auf der spirituellen Suche bist, hast du sicher schon einige Methoden ausprobiert. Das kann auch sehr schön und erfrischend sein. Die Ehwaz-Rune will dich aber dort aufrütteln, wo die Technik deine Krücke wird, wo du dir mit ihrer Hilfe sichere und beruhigte Zonen schaffst, damit du Herr über deinen Wachstumsprozess bleiben kannst. Vor lauter Begeisterung über den Segen deiner Technik verlierst du vielleicht das Gefühl dafür, dass du nichts steuern kannst, sondern dass du in der Hand von etwas Größerem bist, an das du dich nur hingeben kannst.

Umgekehrte Position:
Ohne Pferd, ohne Reiter

In der umgekehrten Position begrüßt die Ehwaz-Rune all diejenigen, die vom hohen Ross der Technik herabgestiegen sind und sich ohne Kompass dem Leben überlassen. Wenn du alle Patentrezepte über Bord geworfen hast, bist du im Land der umgekehrten Ehwaz-Energie angekommen. Da bist du schutzlos Wind und Wetter ausgeliefert, aber dein Vertrauen wächst jeden Tag. Scheitern hast du weit hinter dir gelassen, weil du das, was passiert, nicht mehr an einem bestimmten Ziel misst. Weil alte Schichten abschmelzen, wirst du durchlässig und transparent. Du suchst nicht nach Werkzeugen, um die Welt zu manipulieren, sondern du bist selbst ein Instrument, auf dem das Unbekannte seine Melodie spielt. Wenn du alle Strategien vergisst und alle Vorstellungen aufgibst, wie die Dinge sein sollen, kannst du empfänglich werden für eine Kraft, die dir mehr Schutz geben kann als alle technischen Vorkehrungen.

Traditionell steht die aufrechte Ehwaz-Rune für die Harmonie zwischen Pferd und Reiter. In der Umkehrung verschwinden sowohl das Pferd als auch der Reiter und es gibt nur noch Einklang.

Wenn du die Ehwaz-Rune in der umgekehrten Stellung gezogen hast, bist du eingeladen, dich für diese Energie zu öffnen. Welches könnte die nächste Situation sein, in der du all deine Überlebenstechniken beiseitelässt und dich einfach dem Strom des Lebens anvertraust?

Jenseits der Ehwaz-Polarität

Was du bist, kann durch keine noch so ausgefeilte Technik erkannt werden, weil du es seit jeher warst und immer sein wirst und weil keiner benötigt wird, der etwas wissen muss. Was du bist, ist jenseits des Machbaren und des Nicht-Machbaren, weil es ist, ohne je gemacht worden zu sein. Jede Technik wäre ein Hindernis, denn du bist schon immer das Vollkommene. Es gibt da nichts zu erreichen und auch nichts zu verstehen.

MANNAZ

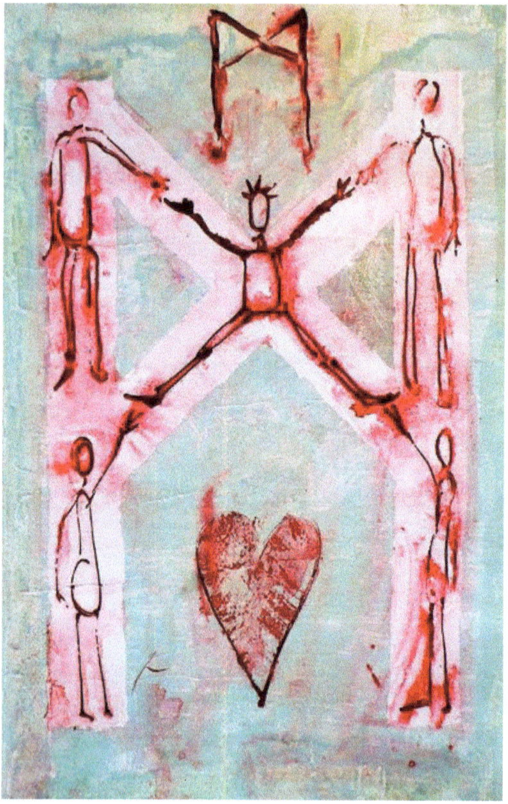

Traditionelle Bedeutung:
Der Mensch

Die überlieferte Bedeutung der Mannaz-Rune umfasst die ganze Bandbreite des Menschlichen, das Individuum, Frau und Mann als Paar, die Sippe, die Ahnenreihe und schließlich die ganze Menschheit. Nach der nordischen Mythologie stammen die Menschen von Ask und Embla ab, die von Odin und anderen Göttern aus Baumstücken geschaffen wurden. Die Götter gaben dem leblosen Holz dann Seele, Atem und Schicksal.

Aufrechte Position:
Wer bin ich?

 Wenn wir nach dem Wesen des Men- schen fragen, zeigen sich uns viele Facet- ten. Durch seinen Körper ist er zunächst dem Tierreich verbunden. Er ist weiter- hin ein soziales Wesen, das vielfältig geprägt ist durch Familie, Herkunft und andere Gruppenzugehörigkeiten. Er be- sitzt aber auch Intelligenz und kann Theorien über sich und die Welt entwickeln. Schließlich gehen viele Religionen und spirituelle Traditionen davon aus, dass der Mensch nicht nur Körper, Gefühl und Verstand ist, sondern dass er auch eine unsterbliche Seele besitzt. Nietzsche hat den berühmten Satz gesagt: „Der Mensch ist ein Seil, geknüpft zwischen Tier und Übermensch – ein Seil über einem Abgrunde." Das beinhaltet die Vorstellung, dass der Mensch kein ferti- ges, ein für alle Mal festgelegtes Wesen ist, sondern dass für ihn der Evolutionsprozess nie abgeschlossen ist, dass er immer auf dem Wege ist zu etwas, das über ihn hinaus weist.

Wenn du die Mannaz-Rune in der aufrechten Posi- tion gezogen hast, konfrontiert sie dich mit der zentra- len Frage „Wer bin ich?" Beantwortest du diese Frage, indem du sagst „Ich bin dieser Körper"? Oder neigst du vielleicht dazu, dich mit deiner sozialen Rolle zu identi- fizieren? „Ich bin die Mutter von drei Kindern, ich bin Künstler, ich bin Bürgermeister, Professorin, Parteivor- sitzende." Wenn du ein eher intellektueller Typ bist, wird deine Antwort vielleicht lauten: „Ich bin Marxist, ich bin Strukturalist, ich bin Freudianer, Existenzialist" usw. In diesem Falle identifizierst du dich mit einer Theorie über die Realität. Wenn du dich länger dem

Prozess der Selbstbefragung aussetzt, wirst du früher oder später in dir auf die Instanz stoßen, die all diese Identifikationen kommentarlos wahrnimmt. Dieses Bewusstsein war da, bevor du Parteivorsitzende wurdest und es wird da sein, wenn du den Parteivorsitz schon lange niedergelegt hast. Es ist ein stilles, ruhendes Gewahrsein, das den Hintergrund aller Wahrnehmungen und Aktionen ausmacht. In diesem Bewusstseinsraum erscheinen alle Gedanken, Gefühle und Dinge.

Die Mannaz-Rune führt dich in die Richtung der Lehre des Indischen Mystikers Ramana Maharshi. Er lädt dich ein, immer wieder zu fragen: „Was ist das in mir, das sich als Mutter fühlt? Wer ist das, der bestimmte Philosophien für wahr hält? Wer ist das, der zum Kampf gegen die Ungerechtigkeit aufruft? Wer ist es, der denkt, fühlt, handelt, der sich als verwirrt oder klar empfindet?" Auf diese Fragen gibt es natürlich keine direkten Antworten. Sie sollen vielmehr zur Bewusstwerdung führen und sind wie kleine Schalter, mit denen du von deinen Identifizierungen auf das Bewusstsein in dir umschalten kannst. Die Fragen sind Erinnerungen an das wahre Selbst, das dir jeden Moment zugänglich ist. Dazu ist nur eine kleine innere Umkehr notwendig.

Umgekehrte Position:
Bewusstsein – Kein Privatbesitz

 Wenn du die Mannaz-Rune in der umgekehrten Position gezogen hast, solltest du auch den Text für die aufrechte Stellung lesen, denn der Prozess der Selbstbefragung ist auch für diese Ausrichtung wichtig. Nun bist du eingeladen, noch einen Schritt weiter zu gehen. Du hast gelernt, dass du nicht der Inhalt deines Bewusstseins bist. Alles, was du beobachten kannst, kann nicht das sein, was du bist. Und vielleicht passiert es dir auch, dass du in diesem Bewusstsein, in diesem stillen Gewahrsein, einen verlässlichen Aufenthaltsort findest. Wenn dir das keine Mühe macht, kann dich die Energie der umgekehrten Mannaz-Rune berühren und erschüttern. Es kann dir dämmern, dass dieses Bewusstsein nicht dein Privatbesitz ist, sondern, dass es nur ein Bewusstsein gibt, an dem du auf mysteriöse Weise Anteil hast. Schließlich kann auch diese letzte Trennung nicht mehr aufrecht erhalten werden. Derjenige, der zur Teilhabe fähig ist, verschwindet in dem, an dem er teilhatte, ohne eine Spur zu hinterlassen.

Jenseits der Mannaz-Polarität.

Jenseits der Mannaz-Polarität von Identifikation und Nicht-Identifikation sind wir schon immer das höchste Selbst, das nichts braucht und dem nichts hinzugefügt werden kann. Diese Instanz bleibt immer ungetrübt, weder erkennt sie etwas, noch wird sie erkannt. Sie braucht kein Wissen und profitiert nicht vom Nichtwissen. Sie kümmert sich weder um Existenz noch um Nicht-Existenz. Sie ist.

LAGUZ

Traditionelle Bedeutung:
Das Wasser

Traditionell bezieht sich Laguz auf das Wasser in all seinen Erscheinungsformen. Es steht für die Quelle, den See, den Fluss, den Ozean und für den einzelnen Tropfen. Das Wasser kann als Regen oder Schnee vom Himmel fallen, als Wasserdampf aufsteigen oder als ewiges Eis die Erde bedecken. Es ist die Voraussetzung für alles Leben und ein Symbol der Fruchtbarkeit. Es kann aber auch bedrohlich und verschlingend sein und dich in die dunklen Tiefen reißen.

Aufrechte Position:
Sich dem Strom überlassen

 Die Laguz-Rune ruft all das in uns auf, was in uns strömt und fließt, aber auch alles, was den Fluss hemmt und zu Stauung und Blockierung führt. Wenn du also die Laguz-Rune in aufrechter Position gezogen hast, bist du eingeladen zu schauen, wo du dich dem Fluss des Lebens anvertraust und wo du gegen den Strom zu schwimmen versuchst.

Insbesondere bezieht sich diese Rune auf die Welt der Emotionen. Kannst du dich ihnen überlassen und in deinem Leben den Wildbach der Gefühle zulassen? Oder willst du lieber einen begradigten Wasserlauf, der kontrollierbar ist? Wie viele Stromschnellen, wie viel Aufschäumen und Tosen darf in deinem Leben sein? Darf dein Lebensstrom auch mal aus der Tiefe aufsteigen und über die Ufer treten oder ziehst du es vor, wie ein Kanal zu sein, bei dem die Ufer sorgfältig befestigt sind und das Wasser so gebändigt ist?

Laguz ist eine Aufforderung, besonders auch die Energieströme in deinem Körper zu spüren. Und du musst da nichts steuern; es ist nicht notwendig, Energien z.B. von unten nach oben zu leiten oder vermeintliche Blockaden weg zu sprengen. In dir ist so viel Lebensstrom! Wenn du ihn wahrnimmst, ohne ihn zu manipulieren, entfaltet sich alles zur richtigen Zeit in richtiger Weise.

Laguz hilft dir auch, wenn du auf deine Handlungen und Entscheidungen schaust. Die Botschaft lautet hier: Schwimme nicht gegen den Strom! Das gilt für kleine Alltagsentscheidungen ebenso wie für größere Projekte in deinem Leben. Du willst etwas unternehmen, aber dann stößt du auf mehrere kleine Hemmnisse. Dir geht nun auf, dass das Leben dich in eine andere Richtung leiten will, als du es dir in den Kopf gesetzt hast. Jetzt kannst du dich der Laguz-Energie anvertrauen. Sie lehrt dich innezuhalten, deinen Eigensinn aufzugeben und dem zu folgen, was gerade stimmig ist, was von alleine passieren will. Laguz ist eine Einladung, empfänglich zu werden für einen größeren Strom, der dich trägt und in dem du nicht strampeln und kämpfen musst. Und so ist es auch mit den großen Zielen in deinem Leben. Vielleicht hast du sie ja mit viel Kampf und Krampf erreicht; du wirst aber nie wissen, wohin der wissende Strom des Lebens dich ohne deinen Eigensinn getragen hätte. Die Botschaft von Laguz besteht darin, dich einem Höheren anzuvertrauen. Lass dein Boot treiben und genieße die Fahrt.

Umgekehrte Position:
Ozean SEIN

Die Laguz-Rune in der aufrechten Position lädt dich ein, dich dem großen Fluss des Seins anzuvertrauen. Er trägt dich zu deinem Bestimmungsort. Hast du die Laguz-Rune in der umgekehrten Stellung gezogen, dann geht es um den Ort, in dem sich alle Flüsse treffen und auflösen, den Ozean. Kommt die Laguz-Rune mit dieser Ausrichtung in deine Hand, wirst du an den inneren Ozean erinnert, an die unendliche Weite, die in deinem Inneren immer da ist. Und dieser Ozean ist nicht dein Ozean, sondern du bist nur eine Welle in ihm. Dein Sein ist nicht unterscheidbar von dem Ozean des Seins.

Mit dieser Rune als Kompass kannst du deine Aufmerksamkeit und dein ganzes Leben immer wieder auf den Ozean in dir ausrichten. Die umgekehrte Laguz-Rune gibt dir einen Anstoß zur Umkehr der Wahrnehmung. Sie zieht dich weg von den tausend äußeren Formen, die in deinem Leben auftauchen, zu dem Sein, das in dir weit und unendlich immer da ist. Von diesem Ruhepunkt aus kannst du bewusst die Strudel und Wirbel des Lebens als Formen des allumfassenden Ozeans erleben.

Jenseits der Laguz-Polarität

In der umgekehrten Stellung der Laguz-Rune ist noch einer da, der das Ozeanische in sich wahrnimmt. Es bleibt noch eine Instanz, die sich als Welle im Ozean erlebt, die das Erlebnis hat, nicht getrennt vom Ozean zu sein. Jenseits der Laguz-Polarität gibt es keinen Ozean und keine Welle, keinen Fluss und niemanden, der sich vom Fluss tragen lässt. Es gibt nicht einmal einen, der sich auf Nimmerwiedersehen im Ozean auflöst. In Wahrheit bist du weder getrennt noch eins, sondern das, was vor aller Trennung und vor allem Einssein immer ist und nicht ist.

INGWAZ

Traditionelle Bedeutung:
Fruchtbarkeit, Befruchtung

Traditionell wird als Bedeutung der Rune Ingwaz meist *Fruchtbarkeit* genannt. Man könnte sie als das männliche Gegenstück zur Berkana-Rune ansehen, die die Ur-Mutter als Symbol aller Fruchtbarkeit repräsentiert. Ingwaz stellt den männlichen Anteil an der Entstehung neuen Lebens dar, die Befruchtung durch den männlichen Samen. Nach der Befruchtung nimmt der Prozess des Heranreifens seinen natürlichen Lauf. Im engeren Sinne kann man die Ingwaz-Rune als Abbild des Zustands kurz vor der Geburt des neuen Lebens sehen. Deshalb wird Ingwaz auch immer wieder mit der Schwangerschaft als Zeit des Heranreifens in Verbindung gebracht.

Aufrechte Position:
Die Saat geht auf

Die Ingwaz-Rune hat, ähnlich wie Jera und Berkana, mit Wachstum und Entwicklung zu tun. Jera nimmt den Wachstumsprozess als Ganzes in den Blick, und zwar rückblickend, von der Ernte her gesehen. Berkana betont die weibliche, mütterliche Seite der Fruchtbarkeit. Ingwaz steht für den phallisch-männlichen Aspekt der Entstehung neuen Lebens. Darüber hinaus deutet Ingwaz auf einen bestimmten Zeitpunkt im Wachstumsprozess hin, nämlich die Zeit, in der der Samen aufgegangen ist und sich die ersten zarten Pflänzchen zeigen. Noch ist die Pflanze klein, noch hat sie einen langen Weg vor sich, bis sie ausgewachsen ist, aber sie streckt ihre Blätter schon dem Licht entgegen.

Wenn du diese Rune in der aufrechten Position gezogen hast, bist du eingeladen zu schauen, wo in deinem Leben ein solcher Zustand besteht: Alle Voraussetzungen dafür, dass etwas Neues entsteht, sind schon da. Du bist innerlich bereit. Der Funke ist übergesprungen und es zeigen sich auch schon erste Anzeichen einer neuen Qualität in deinem Leben. Jetzt braucht das, was da wachsen will, deine liebevolle Aufmerksamkeit. Der Wachstumsfortschritt kann nicht erzwungen oder mit irgendwelchen Tricks oder Strategien befördert werden. So etwas würde nur schaden. Eine liebevolle und geduldige Hinwendung ist die beste Nahrung. Vielleicht kann dich die Rune anregen, ein bestimmtes Vorhaben, das du schon lange mit dir herumgetragen hast, weiter zu betreiben. Vielleicht spürst du schon lange den Impuls, deiner Kreativität mehr Raum zu geben. Vielleicht ist es aber auch die Sehnsucht, dich intensiver auf deine Spiritualität einzulassen. Die Ingwaz-Rune lenkt deinen Blick auf diese kleinen Pflänzchen in dir, die bereits dabei sind, eine schöne Blume oder ein starker Baum zu werden.

Aber es sind nicht nur die kleinen überschaubaren Schritte, die durch die Ingwaz-Energie anregt werden können. Wenn du diese Rune gezogen hast, bist du vielleicht bereit, dein Leben als ein wachsendes Ganzes zu betrachten. Der Same der Bewusstheit ist in dir aufgegangen und du bist nicht mehr der Dunkelheit der Erde verhaftet. Bis du aber soweit gewachsen bist, dass sich die Blüten öffnen, braucht es noch etwas Geduld. Die Pflanze wächst nach dem natürlichen Gesetz, das in ihr angelegt ist. Da braucht es keinen Crash-Kurs. Deine Geduld ist Licht und Nahrung für den Prozess deines inneren Aufwachsens. Das ist in sich eine Meditation, die eine unterstützende Atmosphäre schafft. Früher oder später ist die Pflanze reif und die Blüten öffnen sich, früher oder später ist das Ei ausgebrütet und das Küken schlüpft aus. Ingwaz konzentriert die gesamte Energie auf diese Zeit, die notwendig ist, damit das Neue in dir reifen kann.

Umgekehrte Position:
Kein Wachstumsstress bitte!

Wenn du die Rune in der umgekehrten Position gezogen hast, lies auch die Beschreibung für die aufrechte Stellung. Und dann vergiss alles über Wachstum! Die Orientierung am Wachsen und Werden verstrickt uns leicht in die Auffassung, dass wir anders sein müssten, als wir tatsächlich sind. Bei aller Geduld, mit der wir auf unseren Prozess blicken mögen, neigen wir doch oft dazu, den ausgewachsenen Zustand der Pflanze über ihren unscheinbaren Beginn zu stellen. Wir bestaunen den ausgewachsenen Baum, schätzen das Samenkorn aber häufig gering ein; dabei ist im Samenkorn bereits der ganze Baum enthalten.

In jedem Moment bist du genau im richtigen Zustand. Schon die Idee, dass du wachsen musst, bringt dich weg von dem, was du im Moment bist. Lasse also alle Ideale fallen, die dir vorgeben, was du erreichen musst. Ja, es wird Wandlungen in dir geben, das ist unausbleiblich. Aber verschwende keine Energie fürs Vergleichen. Vergleiche dich nicht mit anderen und vergleiche deinen gegenwärtigen Zustand nicht mit dem, wie du früher warst oder später mal sein willst. Derjenige, der den Wachstumsprozess beobachtet, ist sowieso immer derselbe. Er kann nicht weiser, kräftiger, wacher oder präsenter werden – er ist immer unverändert da. Er braucht nicht zu werden, weil er immer schon ist. Also: Kein Wachstumsstress bitte!

Jenseits der Ingwaz-Polarität

Was du wirklich bist, kann sich weder entwickeln, noch kann es mehr werden oder sich verringern. Es ist immer schon da, unberührt vom Strom der Zeit. Es kennt kein größer und kein kleiner, kein vorher und kein nachher, kein mehr und kein weniger. Es hat keine Blütezeit, weil es nie verwelkt. Es ist nie reif oder unreif, weil es jenseits allen Werdens liegt. Es ist endlos und deshalb auch vollendungslos. Nichts, was du tust, kann dich diesem Zustand näher bringen oder dich von ihm entfernen, weil jeder, der etwas tun könnte, sich vor dem Betreten dieses Bereichs schon ins vollendet Unvollendete aufgelöst hat.

DAGAZ

Traditionelle Bedeutung:
Tag – Morgendämmerung

Der Name Dagaz deutet schon auf die zentrale Bedeutung der Rune hin: *Tag, Tageslicht* und insbesondere das Licht des neuen Tages in der Morgendämmerung. Von daher wird im Zusammenhang mit dieser Rune auch häufig von *Durchbruch* gesprochen. Dem Menschen geht das Licht eines neuen Tages auf; die Dunkelheit der Nacht verschwindet und man hat neue Einblicke, mystische Erlebnisse oder erlebt die Öffnung hin zu einer höheren Wahrheit. Wegen der Form der Rune, die man auch als einen Schmetterling sehen kann, symbolisiert Dagaz für manche auch den Moment, in dem der Schmetterling aus seinem Kokon schlüpft und in einer ganz neuen Form zu existieren beginnt.

Aufrechte Position:
Der Durchbruch

 Die Rune steht für die Zeit, in der die Nacht zu Ende geht und langsam der neue Tag anbricht. Sie symbolisiert deshalb alle Situationen, in denen sich Dunkelheit und Unwissenheit in Licht und Erkenntnis verwandeln.

Manchmal können diese Prozesse recht dramatisch sein. Die alten Mauern müssen zusammenbrechen, damit das neue Licht wahrgenommen werden kann und sich der Weg in die Freiheit öffnet. Deshalb kann es sein, dass der Durchbruch zunächst wie ein Zusammenbruch aussieht. Du bist an einen Punkt gekommen, an dem es einfach nicht mehr möglich ist, die Muster der Vergangenheit zu wiederholen. Wenn die alten Strukturen wegbrechen, ist das meistens sehr schmerzhaft. Dann ist es wichtig, sich diesem Schmerz zu stellen und dabei im Vertrauen zu bleiben. Der Zusammenbruch öffnet so den Raum für den Durchbruch und für einen neuen Aufbruch.

Wenn du die Dagaz-Rune gezogen hast und dich in deinem Leben in einer solchen Situation des Umbruchs befindest, kann dich die Rune daran erinnern, dass am Ende des Tunnels ein neuer Tag auf dich wartet, der dir ein ganz neues, bisher nicht gekanntes Licht bringt.

Wenn das nicht der Fall ist, fragt dich die Rune, ob es Lebensbereiche gibt, in denen du dich immer dem Alten zuwendest und so das neue Licht gar nicht wahrhaben magst. Wenn das so ist, gilt es zu fragen: „Was bringt es dir, in der Dunkelheit zu verharren?" und dann auch die Frage zu beantworten: „Was ist der Preis dafür, dass du dich vom neuen Tag abwendest?"

Im Zusammenhang der spirituellen Suche bedeutet die Rune Dagaz den Moment der plötzlichen Einsicht, die Teilhabe an einer höheren Wahrheit. Im japanischen Zen-Buddhismus werden solche Erfahrungen *Satori* genannt. Für einen kurzen Augenblick oder für einige Stunden lüftet sich der Schleier, den das Ego über die Welt legt. Du erlebst, dass das Ego keine Realität besitzt. Es ist nur eine Instanz, die fleißig daran arbeitet, für dich die Illusion des Abgetrenntseins zu erzeugen. Ein Satori ist ein kurzer Einbruch in die Realität, ein erster Lichtstrahl eines endlosen Tages. Keiner ist da, der es erlebt und dennoch bist du zum ersten Mal das, was du eigentlich immer schon warst.

Umgekehrte Position:
Kein Licht, kein Dunkel

 Die Metaphorik von Licht und Dunkel ist tief in unserem Bewusstsein und Unterbewusstsein verankert. Die Nacht ist der Bereich des Bösen und Bedrohlichen, das Licht die Sphäre des Guten und Heilbringenden. Die umgekehrte Position der Dagaz-Rune stellt diesen Gegensatz in Frage, der uns so selbstverständlich erscheint. Durch einen etwas distanzierten Blick können sich die harten Gegenüberstellungen auflösen. Was uns auf einer tiefen Ebene beunruhigt, ist ja gerade die Vorstellung, ständig in einen Kampf zwischen dem Licht, dem Guten, dem Bewusstsein und dem Dunkel, dem Bösen und dem Unbewussten verstrickt zu sein. Lass auch der Dunkelheit ihren Raum, sie hat ihre eigene Tiefe und Kraft! Lass Licht und Dunkel beide gelten, lass beide in dir verschmelzen, dann besteht keine Notwendigkeit mehr, auf irgendeinen neuen, höheren Zustand hinzuarbeiten oder darauf zu warten. Der Durchbruch besteht darin zu erkennen, dass kein Durchbruch notwendig ist.

Auch auf der psychologischen Ebene ist das leicht nachzuvollziehen. Zeiten der Traurigkeit und Schwermut sind oft intensiver und fruchtbarer als Phasen der Unbeschwertheit. Wenn du dich weder mit den Zuständen des Wohlbehagens und der Freude identifizierst, noch mit den Stimmungen von Niedergeschlagenheit, dann findest du deine Heimat an einem Ort jenseits von Licht und Dunkelheit. Dann kümmert dich die Nacht nicht und du erwartest nichts von der Morgendämmerung.

Jenseits der Dagaz-Polarität

Was du bist, braucht kein Licht, um zu strahlen und es kennt keine Dunkelheit. Was du bist, ist lichtlos strahlend und auch voll leuchtender Dunkelheit. Wende dich dem in dir zu, das jenseits aller Gegensätze einfach ist. Erlebe dich im Licht und erlebe dich in der Abwesenheit von Licht und sei einfach das, was weder dem einen noch dem anderen angehört und was nicht mal davon weiß, dass es diesen Gegensatz gibt. Und um zu diesem Bereich zu gelangen, brauchst du keinen Durchbruch, denn jeder, der sagen könnte: „Oh, das ist der neue Tag", ist schon eins mit dem ewigen Lichtdunkel.

OTHALA

Traditionelle Bedeutung:
Heimat

Die überlieferte Bedeutung von Othala ist *Heimat, Erbe* und insbesondere das ererbte Land. Zunächst ist damit der Grund und Boden gemeint, der zum Besitz der Familie oder Sippe gehört und auch die Region, aus der man stammt. Im weiteren Sinne bezieht sich die Rune auf alles, was wir durch unsere Abstammung mitbekommen haben, also auch die überlieferten Werte und Vorstellungen. Othala weist in ihrer traditionellen Auslegung darauf hin, dass wir das letzte Glied einer langen Ahnenreihe sind und dass uns diese Vorfahren geprägt haben. Sie richtet unseren Blick damit auf unsere biologischen und familiären Wurzeln.

Aufrechte Position:
Herkunft und Prägung

 Die Rune Othala ruft alles auf, was mit unserer Herkunft und Prägung zu tun hat, aber auch alles, was wir mit dem Wort *Heimat* verbinden. Das mag ein Ort sein, an dem wir uns sicher und gut aufgehoben fühlen oder eine spirituelle Heimat, in der wir bei dem ankommen, was wir eigentlich sind und wo wir uns eins mit der Existenz fühlen können.

Wenn du die Othala-Rune in der aufrechten Position gezogen hast, hängt die Botschaft sehr davon ab, wo du auf deinem Weg gerade stehst. Wenn du noch an den Wertvorstellungen hängst, die du aus deiner Herkunftsfamilie mitgebracht hast, dann erinnert dich die Rune daran, diese Abhängigkeiten zu hinterfragen. Wie lange willst du noch an der Nabelschnur der Konventionen hängen, die dich in deiner Kindheit geprägt haben? Es wird dringend Zeit, deinen eigenen Weg zu gehen und die Glaubenssätze, die du unbesehen übernommen hast, auf den Prüfstand zu stellen. Auch im weiteren Fortschreiten auf deinem Weg zur Selbstständigkeit ist es immer wieder notwendig zu fragen, wo du noch alten Stimmen folgst und deine eigene Wahrheit hintan stellst.

Wenn du diesen Weg der Abnabelung schon ein ganzes Stück gegangen bist, wirst du aber auch auf Anteile in dir stoßen, die unabänderlich und schicksalshaft von deiner Herkunft und deinen Vorfahren geprägt sind. Du bist eben nicht nur ein Einzelwesen, sondern in dir wirken auch Kräfte aus dem biologischen und psychologischen Familienerbe, die du anerkennen musst. Du bist Teil eines größeren Systems und Friede entsteht, wenn du deinen richtigen Platz in diesem System gefunden hast. Die Energie der Othala-Rune kann dich gerade bei diesem Prozess unterstützen.

Warum begeben sich Menschen auf die spirituelle Suche? Sie machen sich auf diesen Weg, weil sie irgendwann einmal erkannt haben, dass sie in der äußeren Welt ihre wahre Heimat letztlich nicht finden können. Das Haus, in dem sie sich eingerichtet haben, kann noch so komfortabel sein, die Familienverhältnisse mögen noch so wohl geordnet sein, es bleibt immer eine unbestimmte Sehnsucht nach einer tieferen Verwurzelung, nach der letztendlichen Heimat im Inneren. Und auf dieses Erbe weist die Othala-Rune den Sucher hin. Nur im Inneren kannst du deine wahre Heimat finden. Und diesen Ort musst du dir nicht erwerben; du hast ihn schon immer besessen! Er ist das eigentliche Erbe, das dir die Existenz mitgegeben hat, das du einfach nur anzunehmen brauchst. Je mehr du die Heimat im Außen suchst, desto mehr wirst du deine Heimat im Inneren verpassen. Je mehr du dich nach innen fallen lässt, desto näher kommst du ihr. Wenn du die Rune in dieser aufrechten Stellung gezogen hast, lädt sie dich ein, immer mehr den Weg nach innen in den Mittelpunkt deines Lebens zu rücken. Gute Heimreise!

Umgekehrte Position:
Like a Rolling Stone – Der ewige Vagabund

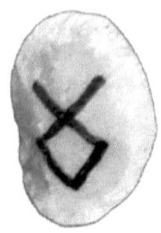 Buddhistische Mönche dürfen nie länger als drei Tage an einem Ort bleiben. In der indischen Tradition unterscheidet man zwischen dem Haushälter und dem Sannyasin. Der Sannyasin ist ein Wanderasket, der alles hinter sich gelassen hat, was ihn an Herkunft und Familie bindet. Die ewige Wanderschaft wird im Osten traditionell als hohe spirituelle Praxis gepriesen. Sich nirgends niederzulassen, jedes Ankommen nur als eine Station auf dem Weg zu sehen, sich nirgendwo einen Landeplatz zu gönnen, der dauerhafte Ruhe gewährt, das sind die Methoden und Ideale der Sucher, die sich auf die umgekehrte Seite der Othala-Rune eingelassen haben.

Ähnlich wie bei der aufrechten Position hängt auch bei der umgedrehten Stellung der Othala-Rune die Botschaft davon ab, wo du auf deinem Weg gerade stehst. Wenn noch immer das idyllische Häuschen am See das Ziel deiner Wünsche ist, dann rüttelt dich die Othala-Rune auf und erinnert dich: „In keinem äußeren Heim wirst du je deine wahre Heimat finden." Das gilt natürlich auf geistiger Ebene auch für all diejenigen, die endlich die Lehre gefunden haben, die für sie stimmig ist, die nun endlich angekommen sind im Energiefeld des lange ersehnten Gurus. Diesen Suchern rät die Othala-Rune: „Schön für dich, dass du dich da zu Hause fühlst, aber vergiss nicht, auch dies ist nur eine Zwischenstation." Und selbst Buddha soll seinen Jüngern immer wieder zugerufen haben „Charaiveti, Charaiveti", was so viel heißt wie: „Bewege dich immer weiter! Nicht stehen bleiben!"

Und selbst wenn du schon seit zwanzig Jahren unge-
bunden und unbehaust durch die Welt ziehst, hat dir die
Othala-Rune in ihrer Umkehrung noch etwas zu sagen.
Vor allem erinnert sie dich (ähnlich wie bei der Fehu-
Rune) daran, deine Identifikation mit dieser Lebensform
in den Blick zu nehmen. Vielleicht schaust du ja voller
Herablassung auf alle ‚Häuslebauer' herunter, die sich
mit so vielen vergänglichen Dingen belasten. Aber keine
äußere Lebensform ist eine Garantie dafür, dass du
deiner inneren Heimat näher kommst. Du kannst die
eine oder andere Anhänglichkeit an Äußeres abstreifen,
solange du aber nicht von dem loslässt, der wandert, bist
du noch unterwegs. Heimkommen kann erst dann passieren, wenn der Wanderer verschwunden ist und keiner
mehr da ist, der ankommen könnte.

Jenseits der Othala-Polarität.

Deine wahre Natur ist jenseits von allem Ererbten oder aufgegebenem Erbe. Sie ist schon immer vor aller Zeit dein Eigentum. Sie ist dein, weil sie nichts mit deiner Person zu tun hat. Was du bist, kümmert sich nicht um Anhänglichkeit oder Loslassen und auch nicht um die Anhänglichkeit an die Nicht-Anhänglichkeit. An dem, was du bist, kann nichts anhaften, nicht einmal das Nichts. Heimat ist der Nicht-Platz, wo nur Bewusstsein ist, und nichts, was diesem Bewusstsein bewusst ist. Das ist deine eigentliche Heimat, die einfach ist und die nichts von Zugehörigkeit weiß, weil sie allem zugehört.

Nachwort

Im Winter 2000/2001 konnte ich länger in Poona sein. Damals gab es in der Osho-Commune ein wunderbares „Painting Studio" mit allem, was man sich fürs Malen nur wünschen kann, viel Raum, bestes Papier, preiswerte Farben und vor allem viele Freunde, die dort nach Herzenslust gemalt und getöpfert haben. Das besondere an dieser Situation war, dass man dort die Energie, die man aus der Mediation oder aus Gruppen- und Einzelsessions mitbrachte, unmittelbar in Kreativität umsetzen konnte. In dieser Zeit beschäftigte ich mich mit den Runen, indem ich Bilder malte. In der besonderen Atmosphäre dieses Ortes ging mir das leicht von der Hand und ich hatte große Freude beim Spiel mit den Farben und Formen rund um die Runensymbole. Manchmal entstanden drei oder vier verschiedene Bilder für ein Runenzeichen. Vielleicht spürt man in den Bildern noch etwas von der Leichtigkeit dieser Zeit.

Nicht so einfach wie mit dem Malen ging es mit dem Schreiben voran. Da wollte sich so schnell kein Erfolg einstellen. Ich gab das Projekt eines Runenbuches deshalb erst mal auf. Im Hintergrund blieb es aber noch präsent, insbesondere deshalb, weil ja die Runenbilder schon fertig waren und auf den Text warteten, den sie illustrieren sollten. Dafür war aber einige Geduld nötig.

Wieder aktuell wurde das Runenthema im Jahre 2015 am Fuße des Berges Arunachala im Süden Indiens. Es war so, als hätten die Runen mich wieder gefunden. Die erste Version des Runenbuchs entstand in drei Wochen. Ich hatte das Gefühl, dass manche Formulierungen mehr durch mich kommen, als dass ich sie als Autor schreibe. Von diesem Fluss habe ich mich einfach tragen lassen. Die Frage, ob es überhaupt sinnvoll ist, solche Themen in eine festgefügte Form zu bringen und sie zwischen zwei Buchdeckel zu packen, hat sich bei der Abfassung gar nicht gestellt. Der Text wollte einfach entstehen.

Erst bei der Überarbeitung kamen Unsicherheiten auf. Soll man einen solchen Text überhaupt veröffentlichen, wenn doch alle Einsichten wandelbar und letztendlich nutzlos sind? Das Büchlein wollte aber trotz all solcher Bedenken in die Welt. Auf dem Weg zur Veröffentlichung habe ich viel Unterstützung erfahren. Das hat mich in dem Gefühl bestärkt, dass es schon seine Richtigkeit damit hat, dass das Buch erscheint. Wie schon im Vorwort gesagt, habe ich das Vertrauen, dass der eine oder andere Leser in den Worten etwas finden kann, das er für den Moment als Bereicherung erlebt.

Literatur

Im Folgenden werden einige Bücher angeführt, die mich mit der Welt der Runen bekannt gemacht haben.

Blum, Ralph (1985): Runen: Anleitung für den Gebrauch und die Interpretation der Gemeingermanischen Runenreihe. Aus dem Amerikanischen von Karl Friedrich Hörner. München, Hugendubel.

Inanna (1997): Das Runenbuch für Frauen. Bonn, Meussling.

Meadows, Kenneth (1996): Runen. Die magische Kraft. Landsberg a. L. mvg-Verlag.

Renzulli, Maria Letizia (1998): Zen Runes Kit: An Inspirational Combination of Rune Wisdom and Zen Insight. Element Books Ltd.

Szabó, Zoltán (1985): Buch der Runen. Das westliche Orakel. München, Knaur.

Tegtmeier, Ralph (1988): Runen: Alphabet der Erkenntnis. Neuhausen, Urania.

Inhaltsverzeichnis

Danksagung

Mein Dank gilt all denen, die das Manuskript durchgelesen, Fehler aufgestöbert und mich auf die eine oder andere Weise ermutigt haben. Danke Carla Karuna! Danke Wolfgang! Besonderen Dank schulde ich Jagran, der sich viele Stunden Zeit genommen hat, mit mir den Text Wort für Wort durchzugehen. Seinem Gespür für den sprachlich richtigen Ton verdanken diese Seiten viel. Schließlich auch ein herzliches „Dankeschön" an Bodhi Satyam. Sie hat nicht nur den Text formatiert und das Titelbild entworfen, sondern mich auch durch ihre Hinweise vor dem einen oder anderen Missgriff bewahrt. Ohne all diese Hilfen hätte das Büchlein nicht erscheinen können.

© 2018 Prem Arpana
Illustration: Prem Arpana
Für Fragen und Anregungen: swpremarpana@yahoo.de